Полифония в нарративном кино

- попытка поэтики киноискусства -

Сюсэй Ниси

«Alt-arts»
2015

ISBN-13: 978-1499273304

ISBN-10: 1499273304

СОДЕРЖАНИЕ

От автора

Эта книга является первым изданием моей диссертации на соискание ученой степени кандидата искусствоведения, защищенной в Всероссийском Государственном Институте Кинематографии им. С. А. Герасимова. Тогда, в 1998 году, эта диссертация была названа «Полифоничность как смыслообразующая структура в нарративном кино», но я выбрал для данного издания более простое название.

Для данного издания я исправил несколько ошибок в изложенных фактах, но не приносил изменеию в текст диссертации. Мне думается, что эта работа все еще представляет интерес и для исследователей и для любителей киноискусства, в том числе тех, кто желают создать фильмы. Полифоничность – это вроде одного из навязчивых идей, хотя может быть без такого названия, мелькнула внутри создателей и теоретиков кино начиная 1920 гг. и особенно после появления звукового кино. Не только Сергей М. Эйзенштейн, который впервые пытался теоретически размышлять этот феномен, но и многие другие, которые ощупывали достичь сложного, многослойного построения кино, постепенно создали те три типа полифоничности в нарративном кино, которые я определил в этой книге.

Творческий поиск полифоничности в кино все еще продолжается. Как в истории музыки, в истории кино тоже можно проследить эволюционный путь к интеграции новых выразительных средств, появлению более сложных смыслообразующих стрктутур произведений и обогащению системы данного вида искусства. Может быть, часть поисков уже перешла в малые экраны (особенно в интернет), избежав экономический риск. И может быть, полифоничность в кино сейчас больше наблюдается в документальных фильмах о сложных социальных, экономических и экологических проблемах, чем в художественных фильмах. Данная работа была лишь попыткой методологической разработки малоизученной и сложной теме, на основе реального достижения на большом кино. Достижение в нарративном кино с 1940 гг до конца 1980 гг было действительно огромным.

Пользуясь случаем, я хотел бы выразить благодарность профессору Евгению Сергеевичу Громову, доктору философских наук и научному руководителю моей диссертации за аккуратные и сердечные советы, Исизака Фонду за обеспечение средства во время моего исследования в Москве, и всем, кто познакомили меня с богатством русской кинокультуры в трудных 1990 гг.

Введение

Искусствоведение сегодня страдает от отсутствия разработанной методологии,которая позволяла бы надежно ориентироваться в море самых разнообразных явлений искусства. С одной стороны, современные международные культурные связи, хотят ли исследователи или не хотят, не позволяет никакой догматической методике долго доминировать, или хотя бы спокойно существовать без какой-либо критики по поводу идеологической односторонности. А с другой стороны, ностальгия по всеобщей методике еще не исчезла. Это понятно, так как по крайней мере определение предмета своих исследований и отграничение своей деятельности от творчества и от критики искусства через систематические процедуры необходимы для существования самого искусствоведения как самостоятельной области культуры.

Это общее положение очевиднее всего проявляется на сегодняшнем киноведении, которое сейчас сталкивается с огромной массой произведений, созданных самыми разными техническими средствами, по самым разным конструктивными принципам, в самых разных культурных обстоятельствах.

Однако кажется сомнительным появление всеобщей искусствоведческой методологии в ближайшее время, и в данной работе мы совсем не намерены создать новую кинотеорию, которая интегрировалась бы в подобную методологию. Наоборот, эта работа концентрируется на частных явлениях современного кино, обычно упоминаемых как примеры "трудного кино", "авторского кино", сквозь призму определенной эстетической концепции, ставшей частью ее заглавия.

<u>Цель</u> данной работы не исчерпывающее теоретизирование, а выяснение и объяснение этой концепции и этих явлений. <u>Новизна</u> такого подхода в современном киноведении заключается в следующем;

1) В процессе выработки данной концепции можно определить степень и область ее применения в киноведении и разрабатывать ее как понятийный инструмент, используемый в будущих теоретических исследованиях.

2) На основе данной концепции можно проводить анализ малоизученных аспектов современного киноискусства и представлять их как органичные составляющие элементы последовательного процесса эволюции кино.

3) Через эти две стадии исследования можно очертить несколько теоретических и исторических проблем, которые до сих пор не были точно сформулированы в исследованиях игрового (нарративного) кино и частично их разрешить.

Эти результаты, наверное, скромны, но тем не менее они могут быть отправными пунктами систематических и общетеоретических исследовоний киноискусства вообще. Эстетическая концепция, которую мы выбрали как предмет анализа и как понятийный инструмент дальнейших исследований, кроме вышеуказанных моментов, позволяет, точнее, требует от исследователя размышления над проблемой, которая с самого раннего периода истории кино привлекала внимание теоретиков, критиков и практиков кино. Это проблема сходства и различия кино с другими видами искусств, особенно с музыкой и литературой. Эти три вида искусства передают художественную информацию ее адресату только в той временной последовательности, которая была определена временной структурой каждого произведения. И полифоничность является особенной временной структурой произведения, через которую вызывается *ощущение* равноправного сосуществования разных *голосов*.

Само слово "полифония" или "полифоничность" является музыкальным термином, и литературоведческим термином в ограниченном смысле. Но этот термин часто использовался в киноведении и кинокритике без специальных оговорок, как будто в нем нет ничего непонятного и он так удобен в исследованиях и критике кино, как и других двух искусствах. Поэтому в анализе этой концепции необходимо постоянно сравнивать кино с музыкой и литературой с точки зрения его применимости в киноведении.

Материал работы определяется вышеуказанной спецификой проблемы. Для определения термина "полифоничности" диссертация опирается на теоретические труды музыковедов и работы теоретиков литературы и кино. Среди них диссертант обратил особое внимание на работы музыковедов К. Южака и А. Ровенко, литературоведов М. Бахтина и Р. Барта, и труды С. Эйзенштейна и В.Пудовкина. Отправляясь от их работ и одновременно анализируя эволюционные процессы в музыки, литературе и, особенно в кино, автор диссертации разрабатывал концепцию полифоничности как киноведческого понятия и выделил следующие три типа полифоничности, реализуемые в нарративном кино.

1) *Музыкальная полифония, воплощаемая как полиритмическая структура дискурса фильма.*

2) *Нарративная полифония, включающая в рамки нарративного дискурса личные дискурсы на равных правах.*

3) *Информационная полифония, развертывающаяся в течение проекции фильма как процесс уравнивания смыслообразующей функции его составных элементов.*

В отличие от таких эстетических понятий, как "возвышенное", "гармония" и "красота", понятие "полифонии" никогда не считалось аксиологической категорией. В музыковедении оно означает лишь определенный тип формальной конструкции, отличимый от гомофонии или гетерофонии, даже иногда совместимый с ними в одном произведении. В литературоведении этопонятие обычно связывается с особенной нарративной формой, т.е. с романом, что означает невозможность ее использования как всеобщего ценностной категории. Эта особенность смыслового диапазона данного понятия свидетельствует о его известной строгости как научного термина. Значит, у него нет или мало национально-культурной ограниченности, которая часто затрудняет понимание искусства иной культуры, и даже порою лишает желания глубоко понимать его. Сравнение кино с музыкой и литературой в этих условиях ведет нас, по-видимомому, к открытию *надкультурных* моментов, позволяющих рассматреть подобные *структуры* в искусствах разных культур.

Объектом исследования являются, соответственно вышеуказанной специфике проблемы, конкретные произведения музыки, литературы и кино. Особенно подробно проанализированы фильмы А. Рене, А. Тарковского и А. Куросавы. Для раскрытия исторического процесса становления трех типов полифоничности в нарративном кино, диссертант также обратил особое внимание на малоизученные произведения японских мастеров 1940-х и 50-х гг. Сравнительный анализ картин Кэндзи Мидзогути, Кэйсукэ Киноситы и Акиры Куросавы с картинами А. Хичкока, О.Уэллса и С. Эйзенштеина того времени показывает, что значимость японского кино для становления вышеупомянутых трех типов поли-фоничности достаточно большая. Исторические и теоретические работы в киноведении, написанные русскими, японскими, европейскими и американскими исследователями, способствовали диссертанту в этом анализе. Работы Ю. Лотмана, Л. Козлова, Т. Имамуры, Т. Сато, Б. Салта, Э. Бранигана в этом отношении особенно стимулировали его.

По своему характеру данное исследование принадлежит к поэтике в ее современном варианте. Оно совсем не ориентировано на нормативность в творческой практике, как аристотельская поэтика или ее подобия позднейших времен, а скорее стремится к созданию новой техники "чтения" художественных текстов, к определению сложных условий для того, чтобы они могли интерпретироваться по определенным поцедурам, соответствующим этим текстам. Подобную направленность автор диссертации разделяет с такими авторами, как М. Ямпольский (теория интертекстуальности), У. Эко(текстовая семиотика) и, естественно, их работы немало стимулировали его.

Методологическим обоснованием работы служат структуралистические исследования литературы и кино, особенно нарратологический метод их анализа, основанного Ж. Женеттом, и статистические исследования кино англоязычных стран. Автор стремился объективно рассматривать структуры произведений воплощающих три типа поли·фоничности без всякой предвзятости, вызываемой предрассудками по отношению к той или иной культуре. Именно поэтому четкий выбор конкретных явлений для подтверждения и применения теоретических выводов был не менее важен, чем самые эти выводы.

Анализ произведений не был самодовлеющим актом применения разработанных терминов, а предполагает дальнейшее усовершенствование техники "чтения", и предполагает творческий поиск с ее учетом. Подобное взаимоотношение между творчеством и исследованием особенно актуально во время кризиса кинокультуры вообще. Значит, наше исследование проводится на той точке пересечения,где историк и критик, теоретик и практик могут найти общие интересы, прямо связанные с их работой. Именно в этом моменте заключается <u>практическая значимость</u> данной диссертации. "Трудные", "авторские" нарративные фильмы были выбраны не по определенным предпочтениям или вкусам ее автора, не из-за компромисса с чьим-то авторитетным мнением, а по характеру этого исследования.

Выбор фильмов для анализа, конечно, в первую очередь отражает разработанную нами концепцию полифоничности и рассмотренное нами ее появление в истории кино, но также имеет отношение к структурному и семантическому объему данных произведений, способному одновременно представить разные аспекты полифоничности. Так, фильмы Рене, Тарковского и Куросавы в этой работе проанализировались как примеры *комплексной полифонии* в нарративном кино, т.е. как произведения, одновременно осуществляющие два из выше сформулированных типов полифоничности. Анализ картин показывает их уникальность как произведений искусства, и представляет примеры интерпретации сложнейших феноменов современного киноискусства.

Мы упомянули и довольно популярные фильмы и малоизвестные национальные фильмы для того, чтобы наше исследование приобрело более широкий исторический и культурный диапазон в рамках теоретических обсуждений и тем самым оно не ограничивается в определении терминов и абстрактной систематизации, а затрагивает актуальные проблемы истории кино. Структурные перестройки нарративного кино после реализации звукового кино и после 1960-х гг., стандартизация повествовательного стиля после второй половины 1930-х гг., и другие проблемы были рассмотрены в связи с становлением трех типов полифоничности.

Структура этой работы отражает стремление автора к комплексному развертыванию и решению терминологических, теоретических и исторических проблем. Автор старался выдерживать должный порядок изложения, исходя из определения самого термина и потом выдвигал теоретические и методологические суждения, связывая их с конкретными явлениями в истории кино. Понятие комплексной полифонии в таком контексте понималось как предельное усложнение структуры нарративного кино, требующее от зрителя и восприятия чисто кинематографических выражения (например, темпо-ритмической структуры дискурса фильма) и знаний внекинематографических репрезентативных или нарративных систем (например, канонов древней иконы или театра Но).

Диссертация состоит из введения, двух глав, библиографии и списка проанализированных фильмов. Каждая глава содержит два раздела с несколькими подразделами. Первая глава преимущественно концентрируется на определении термина полифоничности в контексте музыковедения, литературоведения и киноведения. Вторая глава является попыткой переосмысления ряда процессов в истории кино и в современном киноискусстве с помощью концепции полифоничности, разработанной в первой главе.

ГЛАВА 1 : ПОЛИФОНИЧНОСТЬ КАК ДИНАМИЧЕСКАЯ СТРУКТУРА

1. К определению Терминов

Одной из самых серьезных проблем сегодняшнего киноведения является расплывчатость терминологии. С одной стороны, мы можем без всякого сомнения говорить о технических средствах и приемах кино . Например, такие средства, как "пленка", "киноаппарат", "экран" и такие приемы, как "наплыв","крупный план", "параллельный монтаж", "закадровый голос" и т. п. уже давно распространены во всех областях литературы о кино, начиная с любительской критики до научного исследования. С другой стороны, раз выйдя за рамки такой "общедоступной" практической сферы, исследователь сталкивается с терминологией, заимствованной из других гуманитарных наук, обычно без учета специфики киноведения.

Оказывается, что такое положение лишает киноведение независимости как цельной науки, заставляет его постоянно "обновляться", и мешает созданию терминологии, которая была бы идеологически нейтральна и достаточно строго определена как комплекс понятийных инструментов.

Подобная терминология помогала бы и теоретику и историку кино выяснить значение конкретных произведений и как оригинальных художественных явлений и как составляющих частей закономерного процесса эволюции киноискусства. В этом отношении нельзя переоценивать наследие французского киноведения после второй мировой войны, особенно в области семиологии кино. Но семиология кино, разработанная К. Метцом и другими исследователями, не достаточно концентрировала внимание на специфически кинематографических явлениях, которые, на наш взгляд, обеспечивали существование и эволюцию киноискусства даже после практического разрушения внеголливудских национальных киноиндустрий (имеем в виду общее положение мирового кино после 80-х гг.). Новая терминология нужна не только для самостоятельного существования киноведения как науки, но и для того, чтобы оно могло объяснить конкретные явления в современном киноискусстве. Уже пора, наверное, говорить о них не только такими общераспространенными словами, как "новая волна", "постмодерн" и т.д., но и в строго определенных научных терминах.

Для создания новой терминологии нужно сначала определить несколько основных терминов, которые могут охватывать относительно широкий диапазон явлений киноискусства, возникших в разное время и в разных странах. Таким термином может стать, на наш взгляд, понятие полифоничности. Так как это понятие издавна закреплено как музыковедческий термин, необходимо прояснить его основные значения в рамках музыковедения. Особенно потому, что в киноведении раньше довольно небрежно употреблялись термины, заимствованные из музыковедения (мы вернемся к этой теме позже).

Концепция полифоничности в музыковедении

В музыковедении термин "полифония" связывается с определенным процессом эволюции выразительности западноевропейской музыки, которая происходила начиная со средневековья. Этот процесс не сразу стал предметом музыковедения, но по сравнению с аналогичным явлением в литературе очень рано, так как теория и практика европейской музыки исторически развивались в тесном взаимодействии(1). Несмотря на такую историческую определенность, в принципе этот термин используется не в собственно историческом контексте, а в контексте истории музыки как чередования господствующих стилей сочинения и исполнения музыки. Значит, он несет мало политических или культурных коннотаций.

Чтобы это утверждать, достаточно перелистать любую музыкальную энциклопедию и посмотреть определение этого термина. Но мы цитируем здесь самое короткое и достаточно точное определение из эстетического словаря последнего издании, чтобы не слишком усложнять наше изложение в первой стадии исследования. Там "полифонии" дано следующее определение :

"Вид музыкального многоголосия, основанный на одновременном сочетания самостоятельных мелодических линий (голосов). П. логически противостоит гомофонии (от греч. homos – равный, общий, *мелодия* с сопровождением) и гетерофонии (от греч. heteros – другой), характерной для народной музыки и возникающей в результате одновременного звучания вариантов одного напева(2)".

Кажется, что такая "полифония" теоретически может возникнуть в любом обществе, имеющем развитую музыкальную культуру, независимо от того, подчинена ли она другой культурной области или нет. Потому что, во-первых, мелодия является одним из самых элементарных компонентов музыки, и совсем не обязательно, что единственная мелодия должна доминировать в одной пьесе, когда у исполнителей

21

остается возможность умножать мелодические линии. Во-вторых, так как само понятие мелодии здесь может иметь самый широкий смысловой диапазон и означать самостоятельную последовательную линию в музыке, понятие "полифония" тоже может иметь достаточно широкий смысловой диапазон. Если в мелодиях доминирует, например, темпоритмический или тембровый элемент, то он может стать дифференцированным признаком между ними и составлять полифоническую структуру (как "полиритмия" в африканской музыке, использованная современным композитором С. Райхом в "Music for mallet instruments, voices, and organ"(1973)).

Такую предпосылку о независимости полифонической музыки от внемузыкальных социо-культурных моментов можно вывести, сделав обзор отдельных музыковедческих исследований о конкретных предметах. Но здесь только отметим, что современное музыковедение открыло существование полифонической музыки в таких разных эпохах и обстоятельствах, как в западноевропейском Возрождении, в Византии 15-го века и в Европе и России 19-го и 20-го веков, только в рамках мелодической полифонии(3).

Полифония как музыкальное явление, несомненно, основана на определенном художественном (т.е. музыкальном) мышлении, но это особое "мышление" гораздо ближе к систематизированной методике для творчества и обучения, чем к совокупности определенных ценностных установок. Поэтому, теория музыки в эпоху Возрождения обращалась к полифонии просто как к особому типу музыки, требующему особых приемов сочинения (4). С другой стороны, в Европе это художественное мышление, наверное, не было осознано как "музыкальное мышление" до эпохи И.С. Баха(1685-1750), поскольку до него не было "чистой музыки", и музыка и ее структура мыслились или как "гармония Чисел", понимаемая в контексте средневековой христианской метафизики, или, как ритмическая поддержка песен в связи с просодией поэзии(5). Такая характеристика полифонической музыки, какую И.Н.Форкель сделал в связи с музыкой Баха, наверное, была немыслима в 15-ом веке:" (…) две мелодии так переплетаются между собой, что ведут разговор друг с другом подобно двум различным лицам с одинаковым положением и одинаковым образованием"(6). Но уже в 14-ом веке существовала полифоническая музыка Гийома де Машо (ок. 1300-1377) и с сегодняшней точки зрения можно сказать точно таким же образом о его мотетах. Полифония как музыкальное явление предшествовала осознанию ее как проявлению особого музыкального мышления. Пока музыка не мыслилась как самостоятельное искусство, полифонические музыкальные формы сами не ассоциировались с сосуществованием разных личностей.

В европейской музыке после 14-го века полифония со временем качественно изменялась и тем не менее продолжала базироваться на множественности мелодий на основе определенной гармонической системы. Это указывает на ее техническую сущность. Вполне возможно, что в другом обществе, на основе другой музыкальной системы, осуществлялась бы иная полифония. Поэтому здесь нам важно исследовать не генезис определенного типа полифонической музыки, а общие черты полифонической музыки и ее определенное воздействие на психику слушателя, т.е. ее формальную особенность и художественный эффект, вызванный этой формой.

Когда речь идет о музыкальной полифонии, обычно упоминают самостоятельные "мелодические линии" или "голоса" (см. вышеуказанное определение в "Эстетике: Словаре") и их равноправие (см. описание Форкелем музыки Баха). Но нужно проверить эти общераспространенные положения для более точного понимания формальных особенностей полифонической музыки.

К. Южак отмечает: "полифония и гомофония содержат в качестве общих элементов голоса, а точнее — линии (линия может быть одноголосна либо представлять собой пласт), однако структурные связи голосов в этих складах диаметрально противоположны, что влияет на существенные свойства самих голосов.(7)" Различие полифонии и гомофонии не в количестве линий (голосов), а в их структурном соотношении и, в результате, в их качественном различии. "В гомофонии голоса функционально неоднородны, с технической точки зрения неравноправны, в выразительном смысле неравнозначны. Напротив, в полифонии голоса функционально однородны, в техническом отношении равноправны, в выразительном — равнозначны. Таким образом, соподчинение голосов в гомофонии основывается на функциональной дифференциации, на выделении главного голоса и сопровождения, а в полифонии — функциональной общности и взаимозаместимости(8)" То, что напоминает Форкелю "разговор" между двумя голосами, "подобно двум различным лицам с одинаковым положением и одинаковым образованием", было всего лишь художественный эффект полифонии, основанный на "функциональной общности" голосов.

Что позволяет в полифонической музыке многим голосам функционировать однородно? К. Южак подчеркивает подсобные роли метра и гармонии по отношению к мелодии в полифонической музыке. Они имеют "второстепенное" и "координирующее" значение, "тогда как продвижение голосов по горизонтали, то есть их мелодическое развертывание, определяет природу полифонической структуры(9)". Действительно, при восприятии полифонической музыки вертикальная (одновременная) сторона музыкальной ткани не привлекает внимания слушателя. Анализируя отрывок инвенции Баха, Южак излагает свою мысль: "Но при слушании этой музыки внимание не останавливается на вертикальных созвучиях. Более того, при анализе поражает тот факт, что весь этот отрывок диссонансов почти не содержит! Значит, напряженность и динамичность этой музыки зависит не от составляющих ее консонансов и диссонансов, а от чего-то другого. Это другое — "несогласованное", разновременное появление тематического отрывка в разных голосах (имитация) и свободное, независимое их продвижение к своим кадансам (10)". В полифонии внимание слушателя останавливается на мелодическом развертывании голосов, но это развертывание голосов основано, по мнению исследователя, на определенных принципах разработки темы (имитация). "Разновременное" появление темы, в свою очередь, осуществляется голосами, имитирующими ту же тему в разных мгновениях.

Однако, нельзя сказать, что полифоническая музыка всегда опирается на варьирование *одной* темы в разных голосах. Мотеты для трех голосов Г. де Машо или кантаты И. С. Баха скорее выражают *сложное развитие самостоятельных мелодических линий* и их переплетение во времени. В них сами темы настолько длятся, что их варьирование и их появление в разных голосах воспринимаются не как "тема и ее имитация", а как "тема и сопровождение", хотя в случае Баха принцип имитации всегда соблюдается (например, в кантате "Ich habe genug " BWV82). Поэтому, мы не можем согласиться с тем, что "полифония — область однотемных форм и вариационного развития"(11). Скорее уместно было сказать, что полифония— область *параллельного и самостоятельного развертывания тем*. Действительно, полифоническая структура музыки появляется наиболее отчетливо, когда одна тема варьируется и появляется разновременно в разных голосах (например, в *фуге* или *каноне*). А такие формы, как мотет, кантата или токката, вызывая сложным развертыванием мелодий ощущение *неповторимого становления,* обычно оставляют впечатление не "несогласованности" голосов, а "согласного" господства одного голоса над другими. В случаях мотета и кантаты это объясняется тем, что в них хоровое или сольное пение, с целью совпадения звуковых нюансов и смыслов слов в тексте, должно иметь более сложное и продолжительное мелодическое развертывание чем инструментальные линии в данных пьесах. Но и среди чисто инструментальных форм обнаруживаются различные степени осуществления "эффекта" полифонии, метафорически выраженного Форкелем. Бывают случаи, когда "разговор" само-стоятельных голосов ведется *не на равных правах* (как в токкатах).

Все это не означает, что существуют два типа полифонии, один из которых основан на принципе темы и имитации, другой — на принципе свободного развертывания мелодических линий и их *неравноправии.* Дело в том, что общераспространенное понимание полифонии как многоголосия, основанного на *одновременном, равноправном* сочетании мелодических линий (голосов), содержит некое теоретическое противоречие. Человеческий слух не может одновременно воспринимать разные мелодии или ритмы с одинаковой ясностью, и когда одна линия воспринимается ясно, то другие кажутся менее ясными, значит, в отдельные мгновения они неравноправны. А. Ровенко даже констатирует: "Идеальное или абсолютное равноправие мелодических голосов в полифонии практически недостижимо (...) Идея равноправия как идеал, предел, к которому стремится полифоническая фактура, является верной, но в практике явление полифонии основывается на фактическом неравноправии голосов(12)". Ровенко характеризует полифоничность как диалектически противоположное взаимодействие двух моментов — стремления к индивидуальному развитию каждой мелодической линии и стремления к органичности их сочетания в одновременности. По его мнению, идеальные случаи "абсолютной" равноценности выразительной силы интонационного материала (мелодических линий) является исключениями ("тип многоголосия, напоминающий по фактуре аккордовое изложение", т.е. те случаи, в которых достигается" совершенная органичность сочетания в одновременности всех голосов, но ценой отказа от органичности их индивидуального развития(13)"). Однако его суждение кажется нам предельно заостренным, так как равноценность ("функциональная общность" у Южака) мелодических линий осуществляется совместно с их индивидуальным развитием, когда короткая тема и ее вариации чередуются в разных инструментальных голосах (яркими примерами служит светские концерты И. С.Баха).

Различие взглядов двух исследователей на полифонию заключается, главным образом, в понимании свойств мелодии и темы в полифонической музыке. Для Южака, "свобода движения каждого голоса зависит от соотношения его с другими, равноправными с ним"(14), *имитирующими разновременно одну тему*. Для Ровенко, равноценность голосов осуществляется только *на вертикальном срезе* произведения. Отсюда оценка значимости одной темы у первого и противопоставление "абсолютного" равноправия голосов их мелодическому развертыванию у последнего. Здесь мы должны различать "движение голосов" и их *мелодическое* развертывание, потому что оба исследователя так или иначе отождествляют их и из этого сделали свои крайние выводы (либо сведение полифонической формы к однотемной структуры, либо сведение равноправия голосов к их гармоническому соотношению). Действительно, движение голосов в полифонии может быть или коротко повторяющимся, или развернуто мелодически. В полиритмической музыке для ударных темы являются короткими и ритмическими, и принцип "темы и имитации" обнаруживается ярко. А в полифонических концертах для струнных тема длится мелодично и в определенных мгновениях обнаруживается различие "ведущего голоса" и остальных (например, во второй части "концерта для двух скрипок и струнных", BWV 1043). Но и в последних случаях равноправие, функциональная общность голосов (хотя это не"абсолютное") может обнаруживаться, если следить за ними в течение определенной длительности. Поэтому движение голосов в полифонии не обязано быть ни мелодическим, ни однотемным.

Суммируем вышеизложенную формальную характеристику полифонической музыки.

1)То, что вызывает у слушателя ощущение "равноправного разговора" разных голосов— их функциональная общность, осуществляемая в течение определенной длительности времени. 2)Эта временная длительность может быть различной в зависимости от жанра и стиля данного произведения. 3) Когда эта длительность коротка, то ярче обнаруживается конструктивный принцип "темы и имитации" и усиливается ощущение равноправия голосов. А по мере того, как она длится, голоса становятся более мелодичными и ослабляется ощущение их равноправия.

Из этих выводов следует: 4)Полифоническая музыка в целом основывается не на соотношениях голосов в вертикальности (одновременности), а на их соотношениях в горизонтальности (длительности).

Четвертой наш вывод противоречит общепринятому определению полифонии как "типа многоголосия, основанного на *одновременном* сочетании мелодических линий (голосов)". Однако, поскольку эта "одновременность" оказалась *ощущением одновременности*, вызываемым вышеуказанными структурными признаками голосов в горизонтали, она является всего лишь художественным эффектом, а не структурным признаком. В мелодической полифонии последовательность разных линейных элементов воспринимается как их одновременное развертывание. И это ощущение одновременности развертывания голосов, как ощущение их равноправия, становится тем сильнее, чем короче длительность, в которой осуществляется их функциональная общность.

Рядом с ощущением одновременности голосов, в полифонической музыке существен еще один художественный эффект. Это — сильное ощущение становления. В вышеприведенной статье К. Южак подчеркивает этот эффект ("СТАНОВЛЕНИЕ есть наиболее специфический объект полифонии, ее высший смысл и художественное предназначение"). Он полагает, что этот эффект возникает из структуры произведения, основанной на вариации как средства аналитического рассмотрения свойств темы. В этой структуре "развитие направлено к выявлению общих основ движения, к его обобщению". Она воплощает "процесс пребывания в одном состоянии", запечатляя " те едва заметные изменения..., которые еще не могут быть определены как новое качество, но накопление которых может привести к новому качеству(15)". Это суждение убедительно, хотя надо добавить, что ощущение становления возникает не только из варьирования темы, но и из мелодического или ритмического развертывания голосов. Можно сказать, что сильное ощущение становления при слушании полифонической музыки обычно комплексный эффект обоих моментов.

Полиритмия как вид полифонии

До сих пор мы несколько раз упомянули о полиритмии как разновидности полифонии. Это требует теоретического обоснования, поскольку в музыковедении эти понятия не всегда так тесно связываются. Музыковеды, рассматривающие творчество И. С.Баха как классический образец полифонической музыки, отмечают ритмическое разнообразие в его музыке (Форкель, Южак). Действительно, для достижения самостоятельности отдельных голосов полифоническая музыка использует разные ритмы. Это особенно ясно ощущается в произведениях Баха, но относится не только к ним.

Южак теоретически объясняет необходимость разнообразия ритмов в полифонии: "В свободном развертывании отдельных мелодических линий и всей фактуры в целом особое значение приобретают сочетание различных стоп и их вариантов, их неодинаковая протяженность, несходная метрическая направленность и различная мотивная организация ударных и неударных звуков"(16). И, равноправие голосов и самостоятельность их движения во времени проявляются не только в "свободе мелодического дыхания каждого голоса" но и в "максимальном избежании одновременных членений, совпадающих цезур, кульминаций и т.п., в "несоизмеримости" движений голосов"(17). Поэтому, "Полифония по самому глубокому существу есть РАЗНОРИТМИЯ; степень метрической самостоятельности голосов может быть и очень велика, и весьма относительна" (18).

Нам кажется, что исследователь преувеличивает "несоизмеримость" движения голосов в мелодической полифонии. Перечисленные им элементы "различия" и "несовпадения" голосов можно считаться дифференцирующими признаками голосов, т.е. конструктивными элементами полифонии, *не всегда вместе появляющимися*. Мелодическая полифония Баха и других композиторов последующего времени одновременно является ритмической полифонией, но для дифференциации голосов достаточно использовать разные ритмические фигуры и их вариации.

Понятие ритма было истолковано по-разному и в музыковедении, и в философской эстетике, и в киноведении. Это понятие позволяет разные истолкования в зависимости от контекста, поскольку само оно составляется из менее сложных музыкальных понятий и их соотношение может по-разному выглядеть соответственно разной точке зрении исследователей. В отличие от темпа, такта или метра, ритм подразумевает не только соотношение длительности звуков, но и соотношение их интенсивности. Последнее можно описывать как расположение "акцентов" или "ударений" внутри ритмической "фигуры" или "кривой" в длительности. И сама ритмическая "фигура" осуществляется последовательным изменением темпа. Поэтому ритм немыслим без изменения темпа и средств акцентирования (усиление громкости, изменение тональности и т.п.). Всеми перечисленными нами моментами ритм выражает качественное, непрерывное изменение в длительности. И это полностью соответствует этимологическому происхождению этого слова (от греч. "rhytmos" — течение). Парадоксальность ритма заключается в том, что это непрерывное изменение выражается и воспринимается через дифференцированные звуки, подчеркивая их дискретность. Ж. Митри замечает: "Ритм существует, действительно, только в *прерывистости* и через нее, хотя переживаемое ощущение является ощущением непрерывного развития, как в кино, где непрерывность движения составляется через прерывистый ряд неподвижных образов" (19).

Аналогия движения музыкального ритма с движением изображения в кино, однако, не выходит за рамки литературной метафоры. В музыкальном ритме мы можем различать его составляющие, отдельные звуки, тогда как в движении, воспроизведенном кинематографом, мы не видим никакой дискретной единицы. Ритм, наоборот, склонен к расширению диапазона дифференциации составляющих единиц и тем самым вызывает ощущение развития, становления.

В обыденном употреблении слова "ритма" не обязательно подразумевается развитие или становление. Наоборот, оно часто означает повторяющееся простое движение (ритм ходьбы или труда). Действительно, и в музыковедческом смысле ритм можно понимать как повторяемую фигуру, основанную на достаточно простом соотношении длины звуков, отвлеченную от их высоты(20). Однако, подобное понимание ритма не соответствует музыкальной практике, так как точное повторение одного и того же типа сочетания длительности звуков приводит к монотонности, противоположной ритмичности. Поэтому, музыкальный ритм нельзя понимать просто как простое повторение. Скорее, он варьируется, дифференцируется при каждом новом появлении. Ритм в музыке содержит в себе конструктивный принцип "тема и ее вариации" и в целом выражает неповторяемое становление.

Полиритмия, следовательно, выражает параллельное развитие голосов, означает умножение становления. Даже в мелодической полифонии без разнообразия ритмов отдельные голоса не приобретают индивидуального облика (в мотетах Машо, например, по сравнению с баховскими инструментальными произведениями, мало вариаций ритма и отдельные голоса не имеют отчетливых различительных музыкальных признаков). Поэтому можно сказать, что полиритмия является не только видом полифонии, но и основным способом ее полного осуществления.

Примечания

1. Это положение связано с тем, что в Европе теория и практика музыки долго были подчинены церкви и они были связаны с целью канонизации церковной музыки.

2. Эстетика : Словарь, М., 1989, с.263.

3. Мы используем этот термин для обозначения определенного типа полифонии, в которой голоса обладают заметной мелодической формой. Полифония в европейской музыке до 19-го века вообще принадлежит к этому типу.

4. В следующей статьи содержатся отрывки тогдашних теорий музыки,   обращающихся к полифонии: Ходорковская Е.С. Гармоническая структура многоголосия в музыке XIV столетия —в кн. Проблемы музыкознания, выпуск 3. Традиция в истории музкальной культуры , Л., 1989.

5. См.: Mitry J. Esthetique et psychologie du cinema 1 Les structures, Paris, 1963, p.298.

6. Форкель И. Н. О жизни, искусстве и о произведениях Иогана Себастиана Баха, М., 1974, с.44.

7.Южак К. О природе и специфике полифонического мышления—в кн. "Поли фония " Сборник статей , М., 1975, с.7.

8.Там же, с.7.

9.Там же, с.15.

10.Там же, с.16.

11.Там же, с.28.

12.Ровенко А. Ведущий голос в полифонии — в кн. Вопросы полифонии и анализа музыкальных произведений, Выпуск. XX, М., 1976, с. 137.

13. Там же, с.140.

14. Южак К., с. 21.

15.Там же, с. 29.

16. Там же, с. 14.

17.Там же, с.22.

18. Там же, с.14.

19. Mitry, op. cit. pp.346-347.

20. Музыкальная энциклопедия 4-й том , М., 1978, с.658.

Концепция полифонии в литературоведении

Через анализ понятия полифонии в музыковедении мы установили несколько характерных черт как в плане ее формальной стороны, так и в плане ее художественных эффектов. С формальной стороны она характеризуется функциональной общностью разных голосов, осуществляемой в определенной длительности и подчеркиваемой конструктивным принципом "тема и вариации". Основные художественные эффекты, вызываемые ею, — ощущение одновременного развертывания процессов, равноправия голосов и сильное ощущение становления.

Здесь мы рассмотрим концепцию полифонии в литературоведении, в основном разработанную М. Бахтиным и по-другому истолкованную Р.Бартом, учитывая вышеуказанные ее черты в музыке.

В полифонической музыке функциональная общность голосов осуществляется в их параллельном движении, хотя в каждый момент их соотношение меняется. В литературе подобная структура невозможна, потому что произведение литературы развертывается в чтении линейно. Даже тогда, когда поэзия читается вслух и передаются ее фонетические элементы совместно с семантическими, эти различные элементы не могут иметь функциональной общности, так как семантическая сторона слов целиком принадлежит к понятийной сфере, а их фонетическая сторона — к физической и физиологической (фонетическая сторона слов поэзии приобретает художественное значение только тогда, когда она связывается с определенным контекстом, создаваемым означаемым слов). Литература в общем основывается на семантической стороне языка, требующей от читателя расшифровки каждого слова в строго фиксированной синтагматике, т.е. в одной линии. В этом заключается основная трудность в применении термина полифонии в литературоведении.

Линейность чтения литературы кажется преодолимой, хотя не полностью, включением в произведение элементов изобразительных искусств (иллюстрации, декоративно расположенные типографские шрифты и т.д.) или его исполнением на сцене в необходимой длительности. Но в первом случае порядок восприятия словесных и несловесных составляющих определяется не только конструкцией произведения, но и случайностью, и в резу льтате параллельность их чтения вызывает разный художественный эффект при каждом чтении. Ведь сосуществование разнородных элементов на одной плоскости страницы осуществлено одновременно, а читатель воспринимает и понимает их последовательно, независимо от того, каково было намерение автора. Во втором случае параллельность и порядок восприятия жеста, произносимых слов, изменения освещения и т.д. обусловлены самим характером театрального представления, а не случайностью. Поэтому в принципе линейный литературный текст можно реконструировать на сцене в форме параллельных линий, четко определенных постановщиком во временной длительности. От этой параллельности движений составляющих элементов возникает особенная семантическая насыщенность театрального искусства.

Р. Барт зорко отмечает эту особенность театральной системы сообщения. Театр, по его словам, является "своего рода кибернетической машиной", которая "направляет в наш адрес целый ряд сообщений". И эти сообщения "передаются синхронно и в различных ритмах". В каждый момент спектакля зритель получает информацию "*одновременно* от шести-семи источников (декорации, костюмы, освещение, расстановка актеров, их жесты, мимика, речь), причем одни сигналы *длятся* (например, декорации), а другие *мелькают* (речь, жесты)". И Барт констатирует, что система театрального сообщения — "настоящяя информационная полифония, в которой и заключается феномен театральности, то есть особой толщи знаков (une epaisseur de signes)(в отличие от одноголосия литературы; оставим в стороне проблему кино)"(1). Интересно, что французский структуралист здесь перечисляет два основных элемента полифонической музыки, о которых музыковеды часто пишут: одновременность развертывания разных смысловых рядов (голосов) и их ритмическое разнообразие. Его словосочетание "информационная полифония" как характеристика театральной системы, на первый взгляд, кажется оправданной с точки зрения музыковедения.

Но, как уже сказано, одновременность развертывания голосов в полифонической музыке является, вместе с равноправием голосов и ощущением становления , скорее художественным эффектом, основанным на функциональной общности, чем структурной особенностью. Действительно, в случае театра, как и в случае кинематографа, трудно говорить о функциональной общности составляющих элементов его знаковой системы. Потому что, источники информации, перечисленные Бартом, в сущности имеют разную чувственную интенсивность и разную степень абстракции и потому требуют от зрителя разных модусов декодировки. Они могут действовать одновременно, но даже в таком случае зритель может воспринимать их в определенной семантической иерархии, обусловленной их знаковыми и физическими свойствами. Поэтому, для того, чтобы эти разнородные элементы стали конструктивными элементами "информационной полифонии", автор пьесы и ее постановщик должны придать им "функциональную общность" (в опере и кабуки подобная полифония достигается, когда реплики и жесты актеров и музыка гармонично комбинируются. Здесь талант композитора или закрепленный в традиции канон играет решающую роль). Во всяком случае, "информационная полифония" театра является результатом особенных структур — конкретных постановок конкретных пьес. Она никак не является спецификой "системы сообщения" театра вообще.

В каком случае "информационная полифония" театра может осуществляться? Иначе говоря, какая конструкция пьесы и условия ее постановки могут реализовать "функциональную общность" источников информации? Наверное, главная задача для автора пьесы и постановщика в таком случае заключается в уравнивании степени абстрактности составляющих элементов театра (декорации, костюмы, расстановка актеров, их речь, жесты и т.д.). Для этого самые конкретные элементы, обычно не признаваемые как "знаки" (декорации и костюмы), должны превращаться в знаки, и самые абстрактные элементы (речь и жесты) должны ослаблять свою абстрактность посредством слияния с другими элементами (музыка или танец). Хотя это возможно и в опере и в кабуки, самый органичный пример подобной структуры можно найти в театре Но.

В театре Но сами пьесы написаны с учетом равноправного функционирования его составляющих. Актерская речь, текст которой написан в разных стилях прозы и поэзии, свободно переходит к пению или соединяется с хором соответственно развертыванию сюжета. Лаконично и символически стилизованные жесты актеров часто переходят к танцу ("май") во второй половине пьесы. Музыка в этом театре является не столько сопровождением актерской игры, сколько самостоятельной ритмической линией, так как она не строго регулируется драматическим действием, а оставляет свободу исполнителям для импровизации. Декорации и костюмы в театре Но сформированы и подготовлены для того, чтобы они *не* вызывали ощущения реальности, чтобы они несли минимальную миметическую роль и выполняли максимальную эстетическую функцию. Короче говоря, все составляющие театра Но функционально равноправны в том смысле, что они направлены на достижению лаконичной и гармоничной красоты и ни одному из них не поручена управляющая функция в целом представлении (это особенно ощутимо в тексте речи актеров, где сложнейшая риторическая игра слов, цитата-намек на древнеяпонские и древнекитайские стихи, японские эпосы или романы, буддийские сутры и поэтическое описание пейзажа органично соединяются с выражением эмоции персонажей и их рассказом).

Структура пьес театра Но ставит проблему взаимоотношения "информационной полифонии" и так называемой "драматургии" в театре. Под словом "драматургия" обычно подразумеваются особые типы структуры сюжета, основанные на "конфликте" между персонажами, героем и окружающей его средой и на "перипетиях", радикально изменяющих жизненный путь персонажей. По сути такая "драматургия" немыслима без диалогов и монологов персонажей, выражающих их мысли и чувства логически и последовательно. Эта драматургия театра, частью примененная в игровом кино, придает актерской речи ведущую (хотя не всегда доминирующую) роль среди "источников" художественной информации в театре. Достаточно для этого утверждения назвать имена вечных образцов европейской драматургии — Софокл, Шекспир и т.д. В рамках этой драматургии информационная полифония почти неосуществима, потому что, как уже сказано, актерская речь и другие составляющие элементы театра имеют разные знаковости, а западноевропейская драматургия подчеркивает функцию логического сообщения в речи и тем самым затемняет знаковый характер других элементов. Такая тенденция западноевропейской драматургии дошла до логического предела, на наш взгляд, в реалистической драме конца 19-го века, где декорации, костюмы расстановка актеров почти целиком потеряли символичность, т.е. особенную знаковость, органично интегрируемую в систему целого театра. Там практически вся информация управляется актерской речью, а другие элементы только сопровождают ее или усиливают ее материальными средствами.

Проанализируем ниже фрагменты из пьес театра Но как пример другой драматургии, позволяющей осуществлять "информационную полифонию". Функциональная общность составляющих элементов театра Но уже эаложена в пьесах. Она особенно ярко воплощается в их финальной части. Приведем два фрагмента из разных жанров. (*Ваки* и *ситэ* являются специфическими терминами театра Но, означающими "стороннего человека", т.е. наблюдателя событий и "человека делающего" ,т.е. главного героя. *Дзиутай* есть хор, сидящий в задней части сцены).

Из пьесы "*Сюнкан*". Сюнкан живет в ссылке на острове Кикайгасима вместе с *двумя* людьми, которые были сосланы за ту же вину, что и он. Однажды приехал посланец из столицы Кёто и сообщил им, что эти двое могут вернуться в Кёто, их милует генерал Киёмори, который тогда держал в своих руках всю власть страны и молился за благополучное рождение своего ребенка. Сюнкан сначала не мог поверить своим ушам, потому что не было причин для несправедливого решения Киёмори не разрешить вернуться только ему. В финале он жалостно просит посланца увезти его в лодке вместе с другими, и после отказа, просит их уговорить Киёмори помиловать.

Ваки (посланец): Лодочник , рубив швартовы, отправляет лодку в глубину.

Ситэ: (Сюнкан) В покачивании волн ("*нами*", одновременно означает "во́ лны "и "так как нет") нечего делать, только умоляя, "лодка!"

Ваки: "Лодка!", говорит (Сюнкан), но (они) не посадили (его) .

49

Ситэ: Бессильно Сюнкан

[песня] *Дзиутай* : кинулся на прежний пляж и во
весь голос плакал о том , что даже Мацуосаёхимэ
(легендарная женщина, муж которой уехал в
Китай) не так было жаль как мне себя.

[ритмический дуэт] *Ваки, Нарицунэ и Ясуёри* (двое
сосланных, которым разрешено вернуться в
столицу): Жалостно. Когда мы будет в Кёто, то
походатайствуем (о вашем разрешении), и скоро
будет ваше возвращение. Крепитесь и ждите.

Ситэ : Еле слышны голоса, советующие ждать
возвращения в Кёто, под тенью сосны ("*мацу*",
одновременно — "сосна" и "ждать"), (Сюнкан)
слушал, перестав плакать.

Ваки, Нарицунэ и Ясуёри: Как это слышно ? Так
(Сюнкан) говорит, ("*йу*", одновременно —
"говорить "и "вечерние"), и (как) волны ("*нами*"),
все ("*мина*"— здесь игра созвучия слов) отвечают
одним голосом, что если о Сюнкане

Ситэ : походатайствуем, то скоро,

Ваки, Нарицунэ и Ясуёри : обязательно будет (его)
возвращение в Кёто.

Ситэ: Это же правда ? (2)

(...)

Как мы видим, здесь субъект каждой фразы ясно
неопределим среди сложной игры слов или просто

50

отсутствует (это часто бывало в японской литературе в средневековье, так как тогда можно было догадаться о субъекте фразы благодаря самым разным вариантам словесного выражения уважения и самоунижения в зависимости от ситуации). Более того, фразы очень часто распадаются на несколько частей, произносимых разными персонажами и тем самым теряют синтагматическую и семантическую последовательность. Например, сам Сюнкан описывает свои поступки как будто от третьего лица ("бессильно Сюнкан" и "слушал, перестав плакать"), или продолжает прерванную чужую фразу ("походатайствуем, то скоро"). И почти каждая фраза содержит описательные элементы рядом с риторическими и эмоциональными элементами. Такая семиотическая децентрализация актерской речи завершается ее слиянием с песнью, которая уравнивает функции хора и речи персонажей. Слова актеров в конце концов теряют дискретность языка и приобретают телесность, которая ослабляет абстрактность самой языковой системы. Жесты актеров при произношении фраз, наоборот, в общем стилизованы почти до степени стабильной знаковой системы и часто тавтологически повторяют значения, выраженные словами. Но так как сами слова децентрализованы в смысловом поле представления, эта тавтология не может быть полной, а перевернутое отношение между актерскими словами и их жестами (первые становятся неделимыми, телесными, а последние — абстрактными) обеспечивает их функциональную общность. Такая ситуация еще очевиднее в случае, когда в финальной части исполняется танец *ситэ*. Проанализируем другой фрагмент.

2. Из пьесы *"Тору"*. Эта пьеса включается в *"Фукусики-мугэн-Но"* (двойной-феерический Но), состоящий из двух частей, в первой из которых герой (обычно — призрак давно умершего известного человека, дух растения или бог) выступает в сцене в виде местного человека (*маэ-ситэ,* т.е. первый герой), а во второй — в его подлинном виде (*ноти-дзитэ,* т.е. последний герой). В первой части "Тору", перед буддийским монахом, пришедшем в Кёто, появляется старик и представляется как местный рабочий, приносящий морскую воду в столичный сад давно покойного министра Тору. Он посадил этот сад в память своего путешествия в северную часть Японии, особенно в память о прекрасном пейзаже залива Сиогама, где люди варили соль из морской воды. Рассказав эту легенду и представив красивые места в Кёто, старик исчезает (конец первой части). Потом

приходит человек, живущий на том месте и подробно рассказывает монаху о Тору и догадывается, что этот старик был его призрак (своего рода интермеццо). Во второй части пьесы во сне монаха появляется Тору и танцует , вспоминая веселые прекрасные ночи при жизни, и на рассвете исчезает. Ниже цитируем самую финальную часть.

[*Хая-май* (Быстрый танец)]

Дзиутай: О, интересный танец. Вообще среди
  светлых лун, в первые вечера месяца свет и
  форма (луны) слабы, а почему ?

Ситэ (Тору) : (Дальше он танцует под пение)
  Потому что, заходящее солнце еще близко к
  западному пику горы (т.е. еще не зашло) и (свет
  луны) скрывается его светом , как свет звезд слаб в
  лунной ночи.

Дзиутай : В начале весны

Ситэ : затуманиваются вечерние дальние горы,

Дзиутай : (и они кажутся) цветом *маюдзуми*
  (карандаш для подведения бровей— метафора
  дальних гор, восходящая к древнекитайским
  стихам), а молодого месяца

Ситэ : форма сравнивается с лодкой (метафора, восходящяя к древнеки тайской поэзии и часто используемая в древнеяпонской поэзии).

Дзиутай: И плывущая рыба в воде

Ситэ : кажется удильным крючком (эта метафора восходит к средневековым китайским стихам).

(......)

Ситэ : И птицы поют.

Дзиутай : И колокола слышны.

Ситэ : Уже и луны

Дзиутай : Лик заходит и становится облаком и дождем на рассвете. Унесенный лунным светом, (Тору) входит в лунную столицу, и вид — о, так жаль расставаться с обликом, жаль расставаться с обликом (3).

Здесь слова уже не выполняют коммуникативной функции между персонажами и даже не выражают чувства и эмоции главного героя, а самостоятельно собираются и сопрягаются друг с другом по принципу ассоциации. И их описательные элементы незаметно заменяются метафорическими элементами в ходе развертывания фраз (вечерние дальние горы — *маюздуми*, форма молодой луны—лодка, рыба в воде — удильный крючок). Причем слова тем самым окончательно теряют временную и пространственную конкретность и превращаются в орнаментальную словесную ткань, переплетенную из разных слоев японской и китайской словесных культур. Такая орнаментальность текста пьесы, завершаемая в ее финале, уравнивает слова с лаконичными декорациями и стилизованными костюмами. Жесты с ударами ног о дощатый пол сцены, связываюшими движение актера с музыкой, к финалу часто переходят в танец. В финальной части "Тору", как и в других пьесах двойного-феерического Но, танец *ситэ* и инструментальная музыка (*хаясигото*) приводят к сильнейшему ритмическому движению в целом представлении, а семантически уравненные слова и жесты актеров,их маски, декорации и костюмы сливаются в этом движении танца и создают единый ритмический поток, одну телесность. Однако этот процесс уравнения составляющих элементов и их интеграция в один ритмический поток завершаются только в конце представления пьесы. Поэтому, мы здесь наблюдаем "информационную полифонию" как длительный процесс, продолжающийся в течение целого представления (обычно оно длится около одного часа). Причем этот процесс в общем является процессом десемантизации информационных источников театра через сложнейшую игру смыслов!

Динамическая структура театра Но и ее художественный эффект, заложенные уже в пьесах, напоминают современный экспериментальный театр и кино в смысле того, что они основаны на интеллектуальной сложной игре всех составляющих элементов театра, а не на принципе мимесиса. Однако конечная цель этой структуры предполагает совсем другое восприятие театра ,т .е. восприятие театра как процесса постепенного перехода от реальности к ирреальности, исчезновения границ между субъективным и объективным и превращения знаков в ритмический единый поток. Информационная полифония театра Но как особая система не предполагает ни конфликтов между персонажами, имеющими разные "характеры", ни решения жизненной проблемы героя. Эта структура предполагает как сюжет очень простую историю, в общем концентрированную на выражении изменяющегося духовного состояния главного героя и нередко имеющую "открытый" конец.

Через анализ двух фрагментов из разных пьес мы хотели пояснить, что семантическая последовательность слова в полифоничной структуре театра Но — своего рода преграда, преодоление которой осуществляется его риторической игрой и устанавливает его функциональную общность с другими элементами театра. Не примитивность, а высшая эстетическая последовательность конструктивных принципов театра Но вызывает разложение языка как средства коммуникации. Отсутствие "характеров "или "внутреннего мира" у второстепенных персонажей в театре Но отчасти можно объяснить этой особенностью слов в нем. Наверное, здесь еще действует особенный взгляд на искусство на Востоке. Как отмечает Томонобу Имамити, японская эстетика во многом определяется основным взглядом на человека, обусловленным "интер-индивидуальностью", которая характеризует основное положение человека на Востоке(4). В подобном мировоззрении понятие гармонии *между людьми — не между богом и человеком* — занимает центральное место в ценностной системе. По мнению Имамити, такой взгляд на человека отражается и в понимании искусства в Японии, и выражается в *"со-монка"* (вопрос и ответ в форме*"танка"*), *"ренга"* (длинный ряд *"танка"*, сочиняемые подряд несколькими людьми) и т.п.(5). Отсутствие конфликтов между персонажами в полифонической структуре театра Но можно объяснить и с этой точки зрения, хотя оно не сводимо только к "Восточной" эстетике. Это положение представляет особый интерес, так как прямо противоречит концепции "полифонического романа" у М. М. Бахтина.

Как известно, этот термин используется Бахтиным для характеристики конструктивного принципа романов Ф.М. Достоевского. Бахтин начал использовать термин "полифонический роман" уже в конце 1920-гг. в книге "Проблемы творчество Достоевского "(1929). В ее начале автор определяет значение этого термина следующим образом. Основная особенность романов Достоевского — множественность самостоятельных голосов и сознаний, подлинная полифония полноценных голосов(6). Для Бахтина сравнение романа Достоевского с музыкальной полифонией было только "образной аналогией" или "простой метафорой", и он сам это подчеркивает в первой главе книги(7). В этой работе и ее переработанном позже варианте, понятие "полифонический роман" предполагает "сосуществование и взаимодействие" как "основные категории художественного видения Достоевского". И этому "видению" Бахтин противопоставляет видение Гёте, "органически тяготеющего к становящемуся ряду"(8). От этого резкого контраста "сосуществования"со "становлением" Бахтин пришел к довольно противоречивому выводу: "Разобраться в мире значило для него (Достоевского — С.Н.) —

помыслить все его содержания как одновременные и *угадать их в разрезе одного момента* .

Это упорнейшее стремление его видеть все как сосуществующее, воспринимать и показывать все рядом и одновременно, как бы во пространстве (...)."(9)

Но разве это возможно в романной форме, требующей развертывания сюжета в определенной длительности, т.е. во времени, а не вневременного сосуществования сознаний? Данное противоречие становится яснее, когда исследователь раскрывает стремление Достоевского "драматизировать" "внутренние противоречия и внутренние этапы развития одного человека"(10). Именно эта "драматизация" требует от автора острого чувства становления личности и умения выразить ее внутренний мир не в одном моменте, а во временной длительности. Беседа со своим двойником, с чертом и т.п. не может снять эти требования. Разве все эти драматические события в сознании человека возникают вне времени ?

То, что Бахтин противопоставляет понятия "сосуществование" и "становление" и связывает термин "полифония" с категорией "одновременность", напоминает общераспространенное понимание музыкальной полифонии, которое мы рассмотрели в предыдущем разделе. Там мы выяснили, что "одновременность" развертывания голосов является всего лишь художественным эффектом, вызываемым "функциональной общностью" голосов. То же самое не относится ли и к структуре романов Достоевского? Эта функциональная общностьв музыкальной полифонии осуществляется, как мы видели, в определенной длительности. А в театре Но подобные структурные черты становятся очевидными в конце пьес. Каким образом у романов Достоевского, по Бахтину, появляется функциональная общность, и вообще можно ли говорить о "функции" бахтинских "голосов"?

Все эти вопросы, поставленные нами, прежде всего имеют отношение к методологии Бахтина в вышеуказанных книгах. Его подход к предметам исследования не столько методичен, сколько эмпиричен и интуитивен. Отсюда неточность терминологии, даже догматичное противопоставление одного художественого принципа другому и методологический эклектизм. И эта особенность его работ затрудняет вводить концепцию полифонического романа в иной контекст. Поэтому, мы обращаемся к этому термину как к незавершенной, открытой литературоведческой концепции, а не как к строго определенному термину. Иначе надо было бы совсем погрузиться в специфическую бахтинскую терминологию и отказаться от возможной разработки теории полифоничности в кино.

Что именно актуально для нас в бахтинской концепции "полифонического романа"? Так как мы не намерены заменять первоначальный (т.е. музыковедческий) смысл "полифонии" метафорическим, образным ее смыслом, надо сначала проверить, исключает ли бахтинская концепция возможность ее более близкого музыкальной полифонии истолкования, чем он сам думал.

У Бахтина концепция полифонического романа тесно связана с особенностями словесной ткани произведений Достоевского. При этом понятие *"слово"* понимается исследователем и как носитель разных мировоззрений, стилевых признаков, эмоциональных интонаций и т.д. и как воплощение сосуществующих сознаний индивидов. Для полного истолкования и описания такого "слова" исследователь допускал методологический эклектизм, который в поздней работе "Проблемы поэтики Достоевского" очевиднее чем в ее первом варианте. В этой книге, историческая поэтика, основанная на понятии жанра (глава 4 "Жанровые и сюжетно-композиционные особенность произведений Достоевского") соединяется с "металингвистическим" методом (глава 5 "Слово у Достоевского"). Но оба эти методы в общем остаются в рамках эмпирического или философского изложения предметов исследования и не представляют определенных методик анализа или четких терминологий. Словесная ткань произведений писателя здесь анализируется   по кускам. "Слово" понимается не как составляющий элемент того или иного произведения, а скорее как самостоятельно эволюцонирующяя художественная материя. Бахтин сформулировал эту особенность слова у Достоевского с помощью концепции "диалогические отношения": "Диалогические отношения (в том числе и диалогические отношения говорящего к собственному слову) — предмет металингвистики. Но именно эти отношения, определяющие особенность словесного постороения произведений Достоевского, нас здесь интересуют"(11).

Концепция "диалогические отношения", отсутствующяя в первой книге Бахтина о творчестве Достоевского, нас тоже очень интересует, потому что именно эта концепция является наиболее последовательно разработанным тер-мином в бахтинской терминологии и теоретической основой самой концепции полифонического романа. "Диалогическое отношение — пишет Бахтин — совершенно невозможны без логических и предметно-смысловых отношений, но они не сводятся к ним, а имеют свою специфику.

Логические и предметно-смысловые отношения, чтобы стать диалогическими, как мы уже сказали, должны воплотиться, то есть должны войти в другую сферу бытия: стать *словом*, то есть высказыванием, и получить *автора*, то есть творца данного высказывания, чью позицию оно выражает "(12).

По Бахтину, эта "позиция" может восприниматься даже в произведении, являющемся продуктом коллективного труда или преемственного труда ряда поколений. И "мы слышим в нем единую творческую волю, опрделенную позицию, на которую можно диалогически реагировать. Диалогическая реакция персонифицирует всякое высказывание, на которое реагирует"(13). Значит, восприятие авторства высказывания (*слова*) и диалогические отношения этого высказывания с другими высказываниями усиливают друг друга, и по крайней мере первое является предпосылкой последних. Отсюда "мета-лингвистический" характер подхода Бахтина к этой проблеме, так как в рамках тогдашней лингвистики трудно было обратиться к ней. Лингвистика, исследовавшая язык как стабильную знаковую систему, независимую от сознания его употребителя, не могла описывать динамический процесс смыслообразования в языковой деятельности(14).

Восприятие авторства высказывания и диалогические отношения могут осуществляться на различных уровнях словесной и речевой практики. Бахтин различал четыре такие уровня высказывания. "Диалогические отношения возможны не только между целыми высказываниями,но диалогический подход возможен и к любой части высказывания, даже к отдельному слову, если оно воспринимается (...) как знак чужой смысловой позиции, как представитель чужого высказывания, то есть если мы слышим в нем чужой голос". И "диалогические отношения возможны и между языковыми стилями, социальными диалектами и т.д., если только они воспринимаются как некие смысловые позиции, как своего рода языковые мировоззрения". "Наконец, диалогические отношения возможны и к своему собственному высказыванию в целом, к отдельным его частям и к отдельному слову в нем, если мы как-то отделяем себя от них, (...)занимаем дистанцию по отношению к ним"(15). В этих четырех случаях (между высказываниями, внутри высказывания, между разными стилями, по отношению к своему слову) диалогические отношения всегда предполагают какой-то субьект, который "вос-принимает" их. То есть данные отношения определяются не структурными признаками высказывания, а субъективным восприятием читателя или писателя (Бахтин не четко указывает, кем определяются эти отношения). Однако, если изначально отсутствуют объективные смысловые дифференциации в предметах исследования, тогда как можно "воспринимать" их? Как сам Бахтин признавал, без смысловых дифференциаций ("логических и предметно-смысловых отношений") слов не осуществляются диалогические отношения. Следовательно, если мы воспринимаем на каком-то уровене высказывания подобные отношения, то там существуют определенные объективные смысловые дифференциации. И эти семантические отношения, несомненно, могут стать предметом лингвистического анализа.

То, что Бахтин называет "словом" или "высказыванием", современная семиотика называет "дискурсом". И такие диалогические отношения внутри дискурса, как "стилизация" и "пародия", можно проанализировать с помощью терминологии теории интертекстуальности. А другие диалогические явления, как "сказ" и "диалог" включаются в область нарратологии. И все эти структуралистические теории предполагают как предмет исследования объективные семиотические отношения внутри текста или между текстами. Значит, все разновидности диалогических отношений, названных Бахтиным в работах о полифоническом романе, имеют как свою основу объективно существующие семиотические структуры, сегодня анализируемые более четко разработанными методами.

Выше уже отмечалось, что понятие "полифонии", понимаемое Бахтиным как основные художественные черты творчества Достоевского, основывается на противопоставлении понятий "сосуществование" и "становление". Нельзя не сказать, что это слишком абстрактное и даже догматическое суждение, так как произведения Достоевского в общем имеют динамический сюжет с перипетиями, резко изменяющими судьбы персонажей. К тому же, сплошная диалогизация словесной ткани его текста может вызывать у читателя ощущение непрерывного движения. По какой причине Бахтин выбрал понятие "сосуществование" в противоположность понятию "становление"? У Бахтина эти понятия понимаются в связи с внутренним изменением персонажей и с идеологической конфигурацей в произведении, а не по отношению к композиции произведения. По его мнению, "у Достоевского нет становления мысли, нет его даже в пределах сознания отдельных героев (за редчайшими исключениями). Смысловой материал сознанию героя дан всегда сразу весь, и дан не в виде отдельных мыслей и положений, а в виде человеческих установок, в виде голосов, и дело идет лишь о выборе между ними. Та внутренняя идеологическая борьба, которую ведет герой, есть борьба за выбор среди уже наличных смысловых возможностей, количество которых остается почти неизменным на протяжении всего романа"(16). Из этого следует, что герои Достоевского — пленники своих идеологических установок, и не являются подлинными свободными субъектами, у которых всегда остается надежда самоизменения к лучщему. Здесь нет места разбираться в этой проблеме. Только отметим, что такое детерминистическое понимание Бахтиным персонажей Достоевского позволяло ему почти структуралистически объективный анализ микроструктур романов Достоевского. Но с другой стороны, "становление" на уровне макроструктуры (целого произведения) осталось за пределами исследования. А на наш взгляд, именно этот момент должен включаться в концепцию полифоничности .

Само понятие "становление" не сводится к формированию личности человека или одной идеи. Оно указывает и на "переходные состояния, ведущие к оформлению вещей и явлений, (...)к самоопределению природных и общественных систем"(17). Классический сюжет в литературе, имеющий отчетливо определенные начало, середину и конец и причинно-следственные отношения событий, тоже приводит к оформлению вещи (данного произведения) и явления (определенного этапа или конца жизни героя). Поэтому Бахтин стремится отрицать "сюжетный" характер диалога у Достоевского. По его мнению, "диалог у Достоевского (...) всегда внесюжетен, то есть внутренне независим от сюжетного взаимоотошения говорящих, хотя, конечно, подготовляется сюжетом". А сюжет для диалога всего лишь "оболочка"(18). Сюжет предполагает конец и завершение, а бахтинский концепт диалога предполагает его бесконечность и незавершенность. Но все равно у Достоевского сюжет далеко не был "оболочкой" для диалога, и это оказывается очевидным, если сравнить его романы с романами таких современных писателей, как Д. Джойс и Кендзабуро Оэ. Да, у них сюжет более расплывчатый,чем у Достоевского, но не является "оболочкой". Ощущение становления, т.е. оформления вещей и явлений, заверения системы данного произведения вообще существены для нарративного искусства, потому что оно воспринимается в определенной временной длительности.

На самом деле, бахтинская концепция диалога допускает становление как постоянное изменение в духе Гераклита, а не как гегельянский процесс, стремящийся к единству противоположностей и к завершению. Во вышеуказанных работах Бахтин критикует Б. М. Энгельгарта, который определяет роман Достоевского как диалектическое становление духа и тем самым "монологизует" мир Достоевского, сводя его к философскому монологу(19). Наверное, полемика с Энгельгартом и с гегельянством привела Бахтина к противопоставлению "сосуществования" "становлению" и к отрицанию последнего у Достоевского. На деле Бахтинские "слово" и "диалогические отношения", осмысленные им как социальные феномены, предполагают постоянное взаимодействие "Я" и "Чужого", т.е. непрерывное движение сознаний, направленных на новые взаимоотношения. В этом смысле, бахтинские диалогические отношения не противоречат общему понятию "становление", поскольку оно "как указание на проблемность человеческой деятельности и раскрывающегося в ней бытия, подчеркивает "незавершенность" самого человека, необходимость для него "достраивать" формы своего мышления, познания и общения с миром"(20). Бахтинская полифония не отрицает *становление как динамическое свойство изображаемого мира* в романе Достоевского.

Теперь мы переходим к итогу вышеизложенного. Как мы видели, "информационная полифония" Барта осуществима в театре, если его разновидные составляющие элементы имеют "функциональную общность". И для этого нужна особая драматургия, уравнивающяя степень абстракции этих элементов. Уравнение их функций осуществляется на сцене как процесс, занимающий определенное время, и мы видели это на примерах двух пьес театра Но. Этот процесс оказывается динамичным изменением представляемого на сцене мира, даже превращением его во вневременный ритмический поток. Значит, как и в полифонической музыке, "функциональная общность" составляющих элементов (голосов), здесь осуществляется через динамическую структуру произведения и вызывает сильное ощущение "становления".

А бахтинская концепция "полифонического романа" не предполагает такого преображения мира. "Полифонию", понимаемую им, можно определить как равноправное сосуществование и взаимодействие личных дискурсов в рамках дискурса (т.е. словесной ткани) романа, где дискурс автора тоже не имеет привилегированного статуса. Мы отожествляем "человеческое сознание" Бахтина и личный дискурс, потому что он сам отожествлял их. Возможно ли применять в нашем исследовании такую концепцию полифонии? Да, возможно, так как нарративное кино уже обладает разными способами для выражения равноправного сосуществования дискурсов и доказало это на конкретных произведениях, хотя эти способы отличаются от литературных. К тому же, динамическая сущность "диалогических отношений" обнаруживается в кино более отчетливо, чем в романе, поскольку в кино смена дискурсов непосредственно приобретает временную форму. Например, смена стилей, выражающих разные дискурсы, всегда сопровождает изменение ритма (ритм монтажа, движения камеры и показываемых на экране событий). Динамическая сущность "диалогических отношений" будет обнаруживаться в нарративном кино и как разнообразие ритма и как постоянное вторжение чужого видения, вызывающее преображение мира. Тогда она будет вызывать у зрителя сильное ощущение становления.

Таким образом, литературоведческая концепция "полифонии", если она понимается с учетом временной определенности нарративного искусства, открывает новые аспекты нарративного кино, до сих пор мало изученные. Только надо отметить, что "информационная полифония" Барта и "поли-фонический роман" Бахтина имеют отношение к разным уровням смыслообразования и к разным типам смыслообразующих структур в искусстве.

"Информационная полифония" в театре является результатом особенной композиции произведения, которая изначально предполагает *сосуществование разнородных знаковых систем и соответствующие разнородные коды*. Она не что иное, как гетерогенная структура, основанная на разнородности знаковых систем и осуществляющая их функциональную общность в течение своего развертывания. Эта полифония определяется только специальными композиционными принципами данного произведения или канонами его жанра, может осуществляться через механическое использование своих принципов или канонов. В этом отношении она похожа на музыкальную полифонию, так как последняя тоже во многом зависит от установленных композиционных принципов и канонов. В нарративном кино подобная структура в принципе возможна, поскольку оно обычно пользуется несколькими разнородными кодами в рамках одного произведения.

Что касается бахтинской концепции полифонии, дело не столько в особенной композиции произведения в рамках гетерогенной системы, сколько в *равноправном сосуществовании личных дискурсов в гомогенной нарративной системе (т.е. романе).* В данном случае нарративная структура произведения содержит множество ненарративных дискурсов и, в целом произведении никакому установленному композиционному принципу или канону не дана доминирующая роль. *Нарративный дискурс* здесь проявляет структурную гибкость, включающую разнородные стили. Поэтому, вопреки позднему подходу Бахтина к творчеству Достоевского, чисто эмпирический подход, опирающийся на понятие жанра, в принципе не подходит к этой проблеме. Как мы увидим в следующем разделе, слитность формы и содержания в бахтинской полифонии можно убедительно анализировать только семиотическим и нарратологическим методами. Мы дальше называем ее *нарративной полифонией,* поскольку она осуществляется только в рамках нарративного дискурса. Семиотический и нарратологический методы анализа позволяют обнаружить аналогичные явления в нарративном кино и осуществить анализ их смыслообразующей структуры.

Примечания

1 .Барт Р. Литература и значение — в кн. Избранные работы: Семиотика. Поэтика. М., 1994. С.276.

2."Сюнкан"—в кн. Ёкёку-сю. т. 2 (Синчё котэн-бунгаку сюсэй №37), Токио, 1986. с. 167.

3. "Тору", там же, с.408-409.

4. Томонобу И. Тоё но вигаку, Токио, 1980, с.232-244.

5.Там же.

6. Бахтин М.М.Проблемы творчества Достоевского (5-е дополненное издание), Киев, 1994. с. 14.

7. Там же, с. 31-32.

8. Там же, с. 38 и с.233.(Заметим, что в "Проблемах поэтики Достоевского", изданных в 1963-му году, текст данной части работы   полностью совпадает с текстом соответствующей части изначального варианта 1929 -го года.)

9. Там же, с. 39 и с.233. (Здесь тоже полностью совпадают   тексты обоих вариантов.)

10. Там же.

11. Там же, с. 396.

12. Там же, с. 398.

13. Там же. Об этом см. Гаспаров Б. М. Язык, память, образ. Лингвистика языкового существования, М., 1996, с. 9-40.

15. Бахтин М. М. Проблемы творчества Достоевского, с. 398-399.

16. Там же, с. 458-459.

17. Современный философский словаль, М., Бишкек, Екатеринбург, 1996, с. 513.

18. Бахтин, М.М. Проблемы творчества Достоевского, с. 161, с. 473.

19. Там же, с. 36-37 , с.231.

20. Современный философский словарь, с. 513-514.

2. Типология полифонической структукы в нарративном кино

Концепция полифоничности в киноведении

В предыдущих разделах мы попытались разобраться в основных значениях термина "полифония" в музыковедении и в литературоведении. И мы представили нашу интерпретацию концепции "полифоничность" в этих областях, имея в виду и ее применяемость в киноведении. Хотя возможно прямо перейти к определению этого термина и разработке методологии на основе проделанной работы, остановимся и на киноведческом опыте применения данного термина.

Как уже сказано, музыковедческие термины раньше зачастую небрежно использовался в киноведении, в том числе термин "полифония". Этот термин, конечно, не так часто использовались как "ритм", но зато использовался *для осознания особой структуры* произведения кино или кинематографа вообще, а не как общий лозунг, какие часто звучали в высказываниях авангардистских кинематографистов,под которыми киноискусство должно развиваться. С другой стороны, в киноведении и кинокритике слово "полифония" иногда ассоцируется с бахтинской концепцией полифонии. В подобных случаях авторы обычно не обращают внимание ни на незавершенность этой концепции, ни на сложность методологической проблематики. Дальше мы приведем примеры исследования этих двух направлений и разберем их с вышеуказаной целью.

Термин "полифония", доныне используемый исследователями и критиками кино по аналогии с музыкальной полифонией, обычно связывался с теми композиционными принципами или художественными эффектами, которые мы определили в первом разделе (например, принцип "тема и вариации", "равноправие голосов" и т.д.). Но так как в терминологии киноведения такие основные для музыковедения понятия как "тема", "голоса"и т.д. подвергают сясмысловым изменениям, после подробного рассмотрения структурная аналогия, по которой авторы применяют термин "полифония", часто оказывается иллюзорной или несущественной. Даже самые серьезные работы обычно не различают формальные элементы и тематические элементы фильма, приводят их к *общему знаменателю*. Отсюда двусмысленность терминов. Но как можно соотносить эти разные элементы в общем понятии "полифония" ?

*   *   *

Типология полифоничности в кино — урок Эйзенштейна

Первым теоретиком кино, который применил термин "полифония" на основе сравнительного анализа структур фильма и полифонической музыки, был С. М.Эйзенштейн. Он различал составляющие элементы кино и на вертикальном, и на горизонтальном срезах экранного времени и попытался определить их разные смыслообразующие функции. Эта попытка найти все элементы дифференциации и синтезировать в единую смыслообразующую структуру, в сущности, похожа на тот тип художественного мышления, который лежит в основе полифонической музыки. Ибо высшее достижение полифонической музыки, например, светская многоголосная музыка И. С. Баха, характеризуется аналитическим дифференцированием звука и синтетическим соединением дифференцированных элементов.

Эйзенштейн начал анализ составляющих элементов кино, исходя из сравнения многозначности одного кадра с многозначностью одного звука в музыке и одного иероглифа. По его мнению, кадр изначально многозначен и, кроме основного значения (*доминаты*), определяемого контекстом (*сопоставлением*), он всегда содержит многие "побочные" значения. Так как сама доминанта кадра относительна и изменчива, и другие значения не заглушаются ею, кинематографист может использовать эти "побочные" значения или *"эффекты"* кадра как составляющие элементы смысловых рядов фильма, параллельно развертывающихся с основным рядом. Это семантическое свойство кадра позволяет выполнять сравнительный анализ структур фильма и музыкального произведения. Эйзенштейн отчетливо сформулировал эту мысль в статье "Четвертое измерение в кино"(1929). Там он утверждает, что кадр "всегда останется многозначным иероглифом"(1) и анализирует это свойство кадра по аналогии со звуком.

"В полном соответствии с тем, что происходит в акустике (и частном ее случае — инструментальной музыке) .

Там наравне со звучанием основного доминирующего тона происходит целый ряд побочных звучаний, так называемых обер- и унтертонов.(...)"(2).

Эти "побочные звучания" и аналогичные явления в кадре Эйзенштейн считает скорее отрицательными факторами, чем положительными, но признает их композиционные значения в произведении. Таково же его отношение к "второстепенным" значениям кадра. Он пишет:

"Если в акустике эти побочные звучания являются лишь элементами "мешающими", то в музыке, композиционно учтенные, они являются одними из замечательных средств воздействия левых композиторов (Дебюсси, Скрябин).

Точно то же и в оптике. Присутствуя в виде аберраций, искажений и пр [очих] дефектов, устраняемых системами линз в объективах, они же, композиционно учитываемые, дают целый ряд композиционных эффектов(смена объективов от "28" до "310") .

В соединении с учетом побочных же звучаний самого заснимаемого материала это и дает в полной аналогии с музыкой зрительный *обертонный* комплекс куска" (3).

Для Эйзенштейна "побочные" значения кадра являются оптическими факторами, всегда существующими независимо от того, учтены они как композиционные элементы или считаются просто "искажениями" и "дефектами". Его концепция "обертонного монтажа" предполагает последовательную организацию автором фильма этих "побочных" значений (по его словам — "раздражителей" или "эффектов"). Значит, в отличие от преднамеренно разработанных композитором "голосов" в полифонической музыке, смысловые ряды, создаваемые "обертонным монтажом", не могут быть независимыми от случайных моментов, возникающих во время съемки. Хотя в зачеркнутой самим Эйзенштейном части вышеуказанной статьи (она не вошла в текст статьи, но была опубликована в "Избранных произведениях" Эйзенштейна) упомянута возможность "полифонии" при обертонном монтаже(4), зависимость этого монтажного приема от случайностей не позволяет провести аналогию с полифонией в музыке. Не случайно, что Эйзенштейн упоминает о Дебюсси и Скрябине, музыка которых обычно не считается примером полифонической музыки. Теоретик здесь не различает множество смысловых рядов, основанное на установленных художественных системах полифонической музыки, от попытки включения недооцененных физических (акустических) факторов в композицию музыкального произведения.

Да, полифоническая структура музыки требует как своих составных элементов сознательно построенных микроструктур, которые длятся дольше, чем мельчайшие единицы (т.е звук со своими обер- и унтертонами). В музыковедении такие составные элементы полифонии называются темами или мотивами. Они исполняются в произведении разными *голосами* в различных темпах, появляясь в разные моменты во время исполнения. А эйзенштейновский "обертонный монтаж" не предполагает таких микроструктур. Поэтому аналогия эпизода "крестного хода" в "Генеральной линии" с полифонической музыкой, начатая в вышеуказанной зачеркнутой части статьи и проанализированная позже астатье "Вертикальный монтаж"(1940), оказывается неуместной.

В поздних статьях Эйзенштейн более осторожно обращается к применению музыковедческих терминов, хотя, как пионер в этой области кинотеории, он не смог избежать терминологической неточности. В статье "Вертикальный монтаж" он отправляется от структурного сходства оркестровой партитуры и "полифонного" монтажа немого фильма, чтобы доказать, что для звуко-зрительного монтажа "*общее ощущение*" музыки и изображения имеет "решающую роль"(5). Этот поиск общих черт между составными элементами отражает неизменное устремление Эйзенштейна на синтез, на "физиологическое" воздействие на зрителя, на "экстаз" через синкретическое восприятие художественного образа. Но, с другой стороны, в данной статье он ищет признаки полифонической структуры в эпизоде "крестного хода" более рациональным, аналитическим путем, т.е. дифференцированием "партий" по формальным (например, "смена крупных планов по нарастанию чисто пластической интенсивности") и тематическим (например, "нарастание упоения религиозным изуверством") элементам данного эпизода и по денотациям отдельного кадра (например, "лица поющих баб, несущих иконы")(6). Дифференцирующие признаки этих "партий", конечно, не являются ни побочными оптическими "дефектами", ни "эффектами", физиологически воздействующими на зрителя, а семантическими единицами, понимаемыми через синтаксис фильма или культурные коды. И сам Эйзенштейн практически отказывается от поиска "общего ощущения", основанного на психо-физиологическом подходе, после разбора проблемы соответствия музыки и цвета. Здесь играет решающую роль, по Эйзенштейну, не абсолютные "значения" и соотношения цветов и звуков, а *образный строй* произведения. Этот строй "не столько *пользует* существующие или несуществующие взаимные соотношения, сколько образно *устанавливает* для *данного произведения* те соответствия, которые предписывают образному строю *идея и тема данного произведения*"(7). Но если идея и тема окончательно решают значения и соотношения составных элементов вплоть до мельчайших сенсуальных единиц, то тогда зритель фильма не может "правильно" воспринимать их без понимания идеи и темы фильма путем рациональной реконструкции его образной системы. В таком случае зритель не может обнаружить в самих соотношениях составных элементов самостоятельное эстетическое значение.

Подобная процедура дифференциации партий или голосов фильма, проведенная Эйзенштейном и в последней большой теоретической работе "Неравнодушная природа"(1945), несмотря на смешение разных уровней смыслообразования, в принципе соответствует концепции музыкальной полифонии. Его понимание полифонической музыки становилось точнее с течением времени, но и разрыв между устремленностью на синтез выразительных элементов кино и анализом полифонической структуры в его теории становился заметнее. Надо подчеркнуть, что в "Неравнодушной природе" Эйзенштейн затрагивает почти все проблемы, связанные с *возможными типами* полифонической структуры нарративного кино, достаточно отчетливо различая их. Этот типологический подход, несмотря на его незавершенность и методологическую непоследовательность, отчасти снимает вышеуказанное противоречие. С одной стороны, о синтезе составных элементов и вызываемом им "ощущении" он говорит преимущественно по аналогии с музыкой, с ее *эмоциональным* воздействием на слушателя. А с другой, он распространяет самую концепцию полифонии в связи с особой нарративной структурой в литературе и кино на уровень *нарративного дискурса*. Да, такая гибкость мышления Эйзенштейна сделала его предшественником современной нарратологии. Дальше мы отметим разные типы полифонической структуры, проанализированные в этой статье.

Теоретик и здесь продолжает поиск кинематографической структуры, вызывающей собственно музыкальные эффекты изобразительными элементами Он выдвинул понятие "неравнодушной природы" которое, наверное, означало для него окончательное, чистое воплощение подобной структуры. Это понятие, по Эйзенштейну, означает "эмоциональный пейзаж, действующий в картине как музыкальный компонент", выполняющий задачу "выхода изображения в музыку"(8). В периоде немого кино "эмоциональному пейзажу" дана соответствующая задача — "эмоционально досказывать то, что в совершенной полноте удается выразить только музыке"(9). Но по этому направлению размышления Эйзенштейна не пошли в глубь. Он только сформулировал особенность "музыкального пейзажа" на примере эпизода "Одесские туманы" из "Броненосца Потемкина" следующим образом: "Сюита туманов — это еще живопись, но своеобразная живопись, которая через монтаж уже познала ритм смены *реальных длительностей* и осязаемой последовательности повторов *во времени*, то есть элементы того, что доступно в чистом виде лишь музыке "(10). Эйзенштейн сравнил этот эпизод с китайской и японской живописью и вывел другие композиционные принципы, которые представляются малоосновательными. Кроме "повтора" мотивов во времени, среди его выводов нас интересует только его мнение об "ощущении", вызываемом в результате музыкального построения сцены. Это — по Эйзенштейну — ощущение процесса "*взаимного перехода друг в друга*" противоположных явлений, "ощущение основной динамики процесса становления"(11).

Таким образом, чисто музыкальная сторона композиции в кино и ее художественный эффект сводятся к ритмике, повтору мотивов и ощущению становления, каждое из которых было уже рассмотрено нами как формальные признаки или художественный эффект музыкальной полифонии. Но раз речь идет о кинематографическом эквиваленте "мелодии", эйзенштейновское рассуждение об аналогии между кино и музыкой теряет убедительность и становится литературной метафорой.

Говоря о "контрапункте", "полифонии" и "фуге", характеризующих произведения литературы и кино в разные времена, Эйзенштейн уже отходит от сенсуалистического истолкования "полифонии", которое доминировало в статье "Вертикальный монтаж". "Полифония" в литературе и кино на этот раз связывается им с проблемами повествования и смены "точек зрения", т.е. она рассматривается на уровне *нарративности*. Например, по поводу структуры "Белой Дамы"(1860) У. Коллинса он пишет: "В этом случае важно акцентировать не столько самый факт того, что действие развертывается путем группировки "показаний" отдельных действующих лиц — выслушивание показаний — непременный атрибут *внутри* любого детективного романа, — но там это происходит именно *внутри* повествования, то есть не в формах обнаженной полифонии, как это имеет место здесь (в "Белой Даме" — С. Н.)"(12). Речь идет, в сущности, о различии двух типов нарративного дискурса. Если пересказывать эйзенштейновское рассуждение в терминах нарратологии, в романе Коллинса действие (история) развертывается прямо сопоставленными дискурсами персонажей, и описываемый мир (диегезис) целиком включается в эти дискуры. Тем самым композиционный принцип произведения бросается в глаза читателю, т. е. становится "обнаженным", и дискурс писателя, так называемый "стиль", как бы исчезает. А в случае обычного детективного романа диегезис поддерживается авторским повествованием, внутри которого вмещаются дискурсы персонажей. Эйзенштейновский термин "обнаженная полифония" указывает на это принципиальное различие первого от последнего.

Но здесь нам важно не столько подразделение полифонии, о котором будем говорить позже, сколько понимание полифонии как нарратологического явления, которое имеет отношение и к бахтинской концепции "полифонического романа". Если принимать бахтинскую концепцию, — ее мы сформулировали в конце предыдущего раздела как "равноправное сосуществование личных дискурсов в гомогенной нарративной системе", — тогда в эту категорию включается и роман Коллинса. Разница между "Белой

Дамой" и полифоническим романом Достоевского, с этой точки зрения, заключается в длительности отдельных кусков произведения, распределенных между дискурсами персонажей. В романе Коллинса дискурс каждого персонажа продолжается обычно на протяжении десятка и даже более ста страниц, а у Достоевского — пронизывает фразы, и синтаксическую структуру, иногда сливается с дискурсом другого персонажа. Разные длительности и способы сочетания дискурсов вызывают разные художественные эффекты. У Коллинса самостоятельность каждого дискурса гораздо заметнее, чем у Достоевского. Но ощущение *сосуществования* личных дискурсов у первого гораздо слабее, чем у последнего, так как у первого они появляются в *изолированном виде один за другим*, в формах разных документов монологического характера. Ощущение сосуществования составных элементов в нарративном искусстве вызывается через восприятие их параллельного развертывания во времени. Тот факт, что романы Достоевского с быстрым чередованием в них дискурсов вызывают более сильное ощущение их одновременного развертывания, чем романы Коллинса с медленным их чередованием, совпадает с одним из наших выводов о художественных эффектах полифонической музыки. (См. первый раздел).

Длительность, нужная для осуществления функциональной общности или ощущения равноправия составных элементов в полифонической структуре, определяет и интенсивность ощущения их одновременности. Эта проблема имеет прямое отношение к проблеме темпоритмической структуры нарративного искусства, понимаемой с музыковедческой точки зрения. Но это мы покажем в второй главе нашего исследования на конкретных примерах.

Сравнительный анализ литературы и кино, проведенный Эйзенштейном в статье "Неравнодушная природа", представляет важный момент, касающийся проблемы кинематографического воплощения личного мировоззрения в нарративном фильме. Ведь нарративное кино, равно как и театр, является гетерогенной системой, содержащей разнородные выразительные средства ("субстанции означающего в фильме", по терминологии К. Метца(13)). Если в литературе "обнаженная полифония" осуществляется разделением словесного нарративного дискурса на личные словесные дискурсы, то в кино подобная структура может осуществиться не столько на одном уровне нарративного дискурса, воплощаемого речью рассказчика и персонажей, сколько на нескольких уровнях дискурса данного фильма, воплощаемых словесно, визуально, звукообразно и музыкально. Эйзенштейновский анализ фильма "Гражданин Кейн" (1940) О. Уэллса и собственного фильма "Иван Грозный" показывает трудность этой проблемы. Так как его анализ "Ивана Грозного" еще не освобожден от устремления автора к поиску "общего ощущения" и "эффектов" не в микроструктуре, определяемой образной системой фильма, а в физических явлениях, возникающих случайно, и ограничивает понятие полифонии в одной ее музыкальной разновидности — "фуге"(14), мы пока обратимся к его анализу "Гражданина Кейна".

Этот анализ состоит всего лишь из десяти строчек, но затрагивает весьма важную проблему соотношения диегезиса и разных точек зрения персонажей, реализуемых разными кинематографическими стилями. Эйзенштейн пишет: "Острота приема возрастала еще оттого, что эти "показания" (персонажей — С.Н.) давались не в последовательно хронологическом порядке, а *перетасовано* между собой. В силу этого сам Кейн появлялся в разных сценах не в том виде, как возрасты следуют друг за другом в биографии человека: (...) этой остроте воздействия способствовало еще и то, что стилистика монтажно-съемочного оформления

91

была в каждом рассказе выдержана по-своему — в характере рассказчика(...)"(15). Это и есть воплощение кинематографическими средствами полифонии,как ее интерпретировал Бахтин. По наблюдению Эйзенштейна, в фильме Уэллса личные дискурсы персонажей не столько появляются изолированно, как композиционные элементы наррации в "обнаженном" виде, сколько смешанно ("перетасовано"), как носители разных мировоззрений, выражающихся через разные кинематографические стили. Так как теоретик говорит о соотношении "монтажно-съемочного оформления"— для него это было скорее внесюжетным, ненарративным элементом, т. е. элементом собственно кинематографического дискурса — и "характера рассказчика", то, что он наблюдал здесь есть *равноправие дискурсов персонажей и дтскурса автора фильма, воплощенное особой структурой на уровне дискурса самого фильма.* А дискурс нарративного фильма всегда гетероген, поскольку нарративное кино является гетерогенной знаковой системой. Эта система представляет диегезис гораздо более конкретно и непосредственно, чем это делает гомогенная аналогия в литературе(роман). Это означает, что диегезис нарративного кино более легко подвергается качественному изменению, чем диегезис романа, когда стиль повествования меняется в одном произведении.

Поэтому каждая смена точек зрения на диегезис, если это происходит в виде заметного изменения кинематографических стилей, может восприниматься как изменение самого диегезиса. Отсюда "парадоксальная свежесть новизны", с которой, по Эйзенштейну, прозвучал литературный прием "смены точек описания" в фильме Уэллса(16). Полифония в бахтинском смысле данного термина в нарративном кино влечет за собой дестабилизацию диегезиса, его субъективизацию. А эта особенность нарративной полифонии в кино тесно связана с эволюцией киноискусства после второй мировой войны. В этом тоже попробуем разобраться на конкретных примерах во второй главе данной работы.

Анализ "Ивана Грозного", проведенный Эйзенштейном, в свою очередь представляет третий возможный тип полифонической структуры, хотя сам автор не отличает его от первого (музыкального) и от второго (нарративного) типов. Речь идет о кинематографическом варианте "информационной полифонии", которую Р. Барт признал в театре вообще и мы более четко определили через анализ пьес театра Но. Особый интерес представляет анализ эпизода у гроба Анастасии, так как здесь Эйзенштейн, стараясь показать полифоническое строение этого эпизода, перечисляет разные "голоса" или "инструменты воздействия" (например, игра актеров, чтение текста псалма, пение хора и т.д.), принадлежащие к разным субстанциям означающего. В этом эпизоде одна тема ("тема траура") играется "по голосам", "инструментами воздействия", которые, "чередуясь, сливаясь, вновь расходясь и снова сливаясь, перелагают тему в реальные переживания аудитории"(17).

Как и в случае театра Но, здесь имеется в виду процесс уравнивания источников художественных информаций и превращение их в единый поток через сложную семантическую игру. Но в этом случае игра смыслов не стремится к десемантизации составных элементов, а наоборот, — к переплетению коннотационных смыслов вокруг одной темы ("траур") и к их слиянию в единый смысл, эмоционально переживаемый зрителем. В обоих случаях информационная полифония является результатом семиотического процесса кодировки и декодировки, создания ритмической композиции произведения с повторяющимися и варьирующимся темами и мотивами, процесса постепенного превращения знаков в неделимое эмоциональное целое, и следовательно, *становлением.*

В фильме Эйзенштейна, однако, этот процесс остается частичным, поскольку основная тема "Ивана Грозного", названная самим автором в вышеуказанной статье ("тема власти"), была истолкована автором скорее аналитически, т.е. интеллектуально, чем эмоционально. Композиция фильма, по автору, похожа на композицию "фуга", потому что эта тема имеет "тональную ясность и определенность", "с самого начала излагается вождем" (т.е. Иваном), и потом вождю противостоит "ответ" или "спутники" (Курбский и Ефросинья) и т.д.(18). Очевидно, что такая тема как "власть", если принять ее как объект художественного выражения или восприятия, не может обходиться без рационального мышления о конкретных человеческих соотношениях. Поэтому "тема и имитации" или "тема и вариации" здесь неизбежно перестает быть музыкальным конструктивным принципом и включается в логоцентристскую западноевропейскую традиционную драматургию, которой, как уже сказано, недоступна информационная полифония. С подобной трудностью в применении термина "полифонии" встречались не только Эйзенштейн, но и другие исследователи и критики последнего времени, о которых пойдет речь в следующем подразделе.

Разбирая статьи Эйзенштейна, мы смогли различить три основные типа полифонии в нарративном кино, реализуемых на разных уровнях структуры фильма и поэтому требующих разных исследовательских подходов.

Первый тип полифонии — это *музыкальная полифония*, реализуемая исключительно формальными средствами (повтором зрительных и звуковых мотивов, ритмическим разнообразием во времени проекции). Этот тип полифонии надо исследовать, по крайней мере на первом этапе, с музыковедческой точки зрения.

Поскольку в анализе нарративного кино понятия "тема" и "мотив" неизбежно лишаются значений, характеризующих их временную особенность (темп, ритм и такт), эти понятия не могут служить инструментами для раскрытия данного типа полифонии. Сначала надо отправляться от чисто музыкальных элементов, реализуемых в нарративном кино, т.е. темп и ритм в звуковых и зрительных единицах. Такие объективные данные, как количество и длительность кадров, количество сопровождающей музыки в каждой сцене, темп используемой музыки и т.д. могут помочь исследователю определить темпоритмическую структуру фильма. Если эти элементы в нем составляют *полиритмическую структуру*, тогда можно продолжить анализ других его звуковых элементов, предполагая существование здесь музыкальной полифонии. Иначе мы утратим объективность анализа.

Второй тип полифонии — нарративная полифония как выражение равноправного сосуществования личных дискурсов в рамках нарративного дискурса. Для анализа подобной полифонии, как мы попытались показать в переосмыслении эйзенштейновского анализа "Гражданина Кейна", нарратологический и семио тический подходы кажутся уместными, а применение музыковедческих терминов приводит к заблуждению.

Третий тип полифонии — "информационная полифония", т.е. *процесс уравнивания разных выразительных средств кино, определяемых их "субстанциями означающего" кинематографического дискурса.* В принципе этот тип полифонии содержит музыкальные моменты (нарастание интенсивности "ощущения" в течение времени, повтор мотивов в разных вариациях). Но прямая аналогия с полифонической музыкой не годится, так как информационная полифония стремится достичь того положения, которое для полифонической музыки является отправным пунктом композиции, т.е. равенства составных элементов произведения (голосов) в одной выразительной системе. Вполне естественно, что анализ подобной структуры фильма требует от исследователя семиотического подхода. И здесь смешение формальной стороны с тематической и аналогия композиции фильма с композицией музыки, наверное, приводит к необоснованному применению термина "полифонии".

Таким образом, в нарративном кино теоретически могут рассматриваться три типа полифонии, каждая из которых ставит весьма актуальные проблемы перед исследователем. Они не обязательно существуют отдельно, но даже тогда, когда они сосуществуют в одном фильме, метод их анализа должен быть различным соответственно каждому типу. Теоретически это необходимо, потому что они не могут действовать на одном семантическим уровне, не могут восприниматься зрителем в слитном виде, хотя зритель может интеллектуально или интуитивно реконструировать их соотношения и тем самым извлечь из фильма новые значения и эстетическое наслаждение.

Проблема Методологии — Опыт других исследований

Разбирая теорию Эйзенштейна, мы столкнулись с проблемой методологии. Для того, чтобы проверить отдельные положения, проводимые нами до сих пор, и упорядочить их в одной методологической системе, рассмотрим несколько других исследований.

Первый тип и второй тип полифонии обычно не осуществляются вместе в одном нарративном фильме, поскольку музыкальная структура и нарративная структура имеют разные композиционные принципы, предполагающие разные материи для реализации. Так называемые "жанры" музыки или нарративного кино складывались на основе свойственных им композиционных принципов. Пока композиция нарративного кино не освободилась от традиционного сюжетосложения, кино неизбежно опиралось на нормы жанров в предшествующих нарративных искусствах, т.е., в литературе и театре. Но после 1950-х гг. чаще и чаще появляются фильмы, выходящие за рамки подобных норм. Зато кинематографисты нередко стремятся принять композиционные принципы музыки. Применение бахтинской концепции полифоничности в киноведении по этой причине нуждается в осторожности, особенно когда речь идет о современном кино.

Исследователи, использовавшие термин "полифония" в киноведении в бахтинском смысле, иногда связывают этот термин с жанровой особенностью фильмов или киноискусства вообще. Например, В. Соколов, ссылаясь на работу Бахтина о творчестве Достоевского, принимает концепцию "полифоничности" в связи с проблемой киножанра. Эта бахтинская концепция понимается исследователем как "принципиально новый в истории художественной культуры синтез структурно разных жанров, лишь впервые реализованный в творчестве Достоевского"(19). По мнению Соколова, "полифоничность" кино состоит в том, что оно может ассимилировать жанровые признаки других искусств и, изменяя их функции, формирует новую жанровую систему, в которой несколько предществующих жанров могут взаимодействовать в определенной иерархии. Его взгляд на историю кино и истолкование специфики киножанра, с теоретической точки зрения в общем интересен. Однако его интерпретация бахтинской концепции полифоничности не отвечает первоначальному замыслу исс-ледования Бахтина о Достоевском. Как уже сказано, проблема жанра не так существенна в этой концепции, как "диалогические отношения" личных дискурсов. Подход Соколова к проблеме полифоничности в кино скорее имеет отношение к "информационной полифонии", так как он обращает внимание на существование в кино элементов чужих искусств (литературы, театра и живописи) в их преобразованном виде. Наверное, для уравнивания функций составных элементов фильма тоже нужно подобное преображение составных элементов. Но вместо такого неопределенного термина, как "жанр", ключевым термином для исследования этой полифонии станет "код", способный охватывать более широкий диапазон семантического процесса.

Разложение традиционной нарративности в игровом кино, начавшееся в 1950-х гг., и поиск кинематографистами новых композиционных принципов ярко обнаруживаются в творчестве ряда режиссеров. И тут начинается пересечение теоретических исследований, в русло которых входит и наша работа, с практической историей киноискусства. Конкретные примеры вышеуказанных трех типов полифонии чаше всего можно найти именно в киноискусстве после 60-х гг. Статья Юрия Лотмана, анализирующая с подобной исторической точки зрения картину Ф.Феллини "Репетиция оркестра"(1978), представляет для нас особый интерес. Лотман представляет замечательный анализ смыслообразующей структуры ("композиционно-тематической структуры" по его выражению) этого фильма, с помощью таких музыкальных терминов, как "тема", "мотив"и "тональность". Но в отличие от эйзенштейновского анализа "Ивана Грозного" здесь автор стремится придать этим терминам научные определения. Например, "тема" и "мотив" понимаются им следующим образом :

"Термин "мотив" сравнительно широко используется в ряде дисциплин гуманитарного цикла (фольклористике, поэтике и др.) для обозначения инвариантного комплекса (обычно – семантического), варианты которого манифестируются в различных текстах или различных фрагментах одного текста; такое понимание не противоречит музыковедческому. Для того, чтобы мотивная структура текста не была тривиальной (как это имеет место, например, в орнаменте), мотив должен определенным образом варьироваться, подвергаться различным трансформациям(...). Обычно под мотивом понимается минимальный элемент его тематической структуры; совокупность сцепленных между собой мотивов называется темой"(20).

Мысль исследователя ясна и не противоречит обычному употреблению этих терминов. Термины "тема" и "мотив", истолкованные в подобном контексте, могут служить понятийными инструментами для анализа семантической структуры третьего типа полифонии. Определение "тональности", проведенное Лотманом, более индивидуально, но тоже достойно внимания. "Тональности" в той же статье понимаются как "различные семиотико-онтологичекие сферы реализации некоторой темы" (21). Эти сферы могут находиться, или в диегезисе фильма, или вне его. Лотман показывает на конкретных примерах, как в "Репетиции оркестре" одни и те же мотивы и темы повторяются в разных модальностях. Они повторяются, например, как словесные метафоры или денотации слов персонажей (во внедиегетических сферах), или как физически опредмеченные метафоры или звуковые и зрительные явления (внутри диегезиса).

Основные "темы" этого фильма — по Лотману — гармония и дисгармония. Эти темы сами по себе вызывают гораздо больше свободных ассоциаций, чем, например, тема "траура" или тема "власти", потому что первые семантически не ограничиваются в конкретных человеческих отношениях. Значит, как "совокупности сцепленных между собой мотивов", они могут функционировать более эффективно в семантическом поле фильма. Так, в фильме Феллини, через тему музыки, которая сама варьируется в разных сферах (представлена самой музыкой, в вербальных репликах с разными коннотациями), темы гармонии и дисгармонии пронизывают целую семантическую сферу фильма и даже определяют его композицию. Репетиция оркестра — по интерпретации Лотмана —

является процессом постоянного стремления и приближения к гармонии, поэтому в этом фильме нет ясной развязки, и в финале "даже когда экран гаснет окончательно,звук не смолкает — фильм не закончен"(22). А повторяющиеся мотивы формируют "мотивную структуру" в разных субстанциях означающего дискурса фильма и тем самым осуществляют тематическую оппозицию — гармонии и дисгармонии.

Мы больше не будем останавливаться на анализе "Репетиции оркестра" проведенном Лотманом, поскольку здесь нас интересует не тематическая структура этого фильма, а методологическая проблема, связанная с применением музыковедческих терминов в нашем исследовании. Как сам Лотман подсказывает в вышеуказанной статье, музыкальная композиция "Репетиции оркестра" семантически анализируемая посредством понятий "тема"и "мотив", ближе к западноевропейской гармонической музыке Нового Времени, чем к полифони ческой музыке Средневековья. Полифонической называет Лотманом сложную, подчеркнуто многослойную структуру фильмов второго периода в творчестве Феллини (т.е. "Сладкая жизнь", "8 1/2" и т.д .), а в третий период (т.е.после фильма"Рим"), по Лотману, "происшедшая трансформация охватывает все аспекты структуры фильма: композицию, сюжет, образность"(23). Да, в фильмах Феллини третьего периода разные стилевые признаки (телевизионный репортаж, классический повествовательский стиль, гротескно-экспрессионистский стиль) настолько органично сливаются друг с другом, что они уже не воспринимаются как элементы параллельных смысловых рядов, а понимаются как составные части одной семиотической системы. В ней уже ни личные дискурсы, ни разнородные коды не появляются в виде самостоятельных "голосов", а дискурс фильма составляется не из четко разделенных слоев,а из единой эластической ткани. Следовательно, применение термина "полифония" в анализе структур этих фильмов кажется неуместным, хотя использование терминов "тема" и "мотив" достаточно обоснованно. Надо отметить, что термин "мотив" в статье Лотмана, связываясь с его специальным пониманием термина "тональность", не может охватывать темпорально-формообразующую особенность мотива и подчеркивает его концептуально-логическую сторону. А главная функция мотива в структуре полифонической музыки заключается в первом его свойстве.

Подобное положение не ограничивается творчеством Феллини. Например, "Жил певчий дрозд" (1971) О.Иоселиани тоже имеет "мотивную структуру", основанную на принципе повтора и варьирования мотивов. В своей статье, написанной в 1976-м году, И. М. Шилова подробно анализирует эту структуру(24). В этой статье исследовательница раскрыла уникальную смыслообразующую структуру фильма Иоселиани, в которой пять мотивов ("благодеяний", "нечаянных грехов", "ожидания", "предостережений" и "инозрения") равноправно переплетаются в звукозрительной ткани фильма. Шилова утверждает, что "Жил певчий дрозд" — "фильм полифонический" "в собственно-музыкальном значении термина, даже при всех неизбежных поправках на особенности кинематографического материала"(25). Аналогия фильма с полифонической музыкой, проведенная ею, действительно уместнее, чем в случае эйзенштейновского анализа "Ивана Грозного", и сам фильм Иоселиани в тематическом и композиционном аспектах ближе к музыковедческой концепции полифонии, чем фильм Эйзенштейна. Но дело в том, что "полифоничность" фильма Иоселиани *не* воплощается в *многослойной структуре* самого произведения, а извлекается исследователем или зрителем из его *слитной* звукозрительной ткани через дедукцию. Как у Лотмана, термин "мотив" у Шиловы понимается преимущественно в его концептуально-смыслообразующей функции, обычно не четко отличаемой от концептуальной деятельности воспринимателя фильма и не связанной с временной структурой его дискурса (мотив, понимаемый как ядро концептуальной ассоциации, не может иметь конкретной временной длительности, определенную в временной структуре произведения). Поэтому "мотивная структура", понимаемая с подобной точки зрения, имеет мало общего со структурой полифонической музыки.

* * *

Полифоничность в нарративном кино, как мы определяли ее, являясь смыслообразующей структурой, — преимущественно определяется стилистическими или формальными признаками фильма. И когда она понимается преимущественно с тематической, семантической точки зрения, обычно возникают методологические ошибки, главным образом, из-за смешения разных уровней смыслообразования. Значит, концепция полифоничности не только охватывает разнообразные художественные явления современного кино, но и требует от исследователей методологической строгости и точной спецификации фильмов по их структурам. Эти положения выглядят на первый взгляд парадоксальными, так как полифоническая структура вообще характеризуется семантической многослойностью, динамичностью формы, сильным эмоциональным воздействием. Однако, если вспомнить полифоническую музыку И. С. Баха, сочетающую в себе строгость композиции и тончайшие нюансы звучаний, интеллектуальное и эмоциональное начало, тогда почему от аналогичного явления в кино нельзя ожидать подобного парадоксального сочетания? Да, три основные типа полифонической структуры нарративного кино, как и западноевропейская полифоническая музыка 17-18 веков, предполагает высший уровень аналитической дифференциации составных элементов и не менее высокий уровень их систематизации как *формальных и семантических* единиц. Как временные искусства, музыка и кино могут создать динамический образ жизни через строго рассчитанную структуру, основанную на сложных знаковых системах. Полифоничность является именно такой динамической структурой. Ощущение становления, отмеченное нами как всеобщий художественный эффект полифонии (и в музыке, и в кино), как ни парадоксально, вызывается строго рассчитанной структурой произведений.

Основные принципы анализа основных трех типов полифоничности в нарративном кино мы уже представили. Но их действенность должна быть проверена в анализе конкретных фильмов. И действенность нашего определения термина "полифоничность" как киноведческой концепции тоже зависит от этих методологических принципов, так как иначе мы не найдем места для его применения в будущих киноведческих исследованиях.

Вторая глава нашей работы посвящена анализу разнообразных проявлений определенных нами трех типов полифоничности нарративного кино на примерах современных фильмов, соблюдая выведенный нами методологический принцип и учитывая эволюцию киноискусства после 1950-х гг.

Примечания

1. Эйзенштейн, С.М. Избранные произведений в 6-ти томах, т. 2, с. 46.

2. Там же, с. 47.

3. Там же.

4. Там же, с. 56.

5. Там же, с. 194.

6. Там же, с. 193.

7. Там же, с.235-236.

8. Эйзенштейн, С.М. Избранные произведений в 6-ти томах, .3, с. 251.

9. Там же, с. 253.

10. Т ам же, с. 256.

11. Там же, с. 280.

12. Там же, с.301.

13. Метц различает пять субстанций означающего в инематографическом дискурсе, — движущееся изображение, музыкальный звук, вербальный звук высказывания, звуковой эффект и графическая форма титра. См:. Metz, Christian. Language and Cinema, (English trans.), Mouton, The Hague-Paris, 1974, p.16.

14. См .: Эйзенштейн. М. Избранные произведений в 6-ти томах, т.3, с. 336-339 и с.350- 360. Эйзенштейн говорит о *"синэстетике"* т.е. "способности сводить

воедино все разнообразные ощущения, приносимые из разных областей разными органами чувств" как принцип звукозрительного монтажа. И когда он анализирует эпизод "у гроба Анастасии" и общую композицию "Ивана Грозного", аналогия фильма с полифонической музыкой проводится на основе композиции фуги, понимаемой Э. Праутом как однотемной структуры. Но как мы видели в первом разделе, полифоническая музыка не обязательно однотемная.

15. Там же, 302.

16. Там же.

17. Там же, с. 350.

18. Там же, с. 359-360.

19. Соколов, В. С. К методологии исследования киножанров — в кн. Жанры кино, М., 1979, с. 59.

20. Лотман, Ю. М. Репетиция оркестра в разваливающемся мире.—Киноведческие записки , 1992, №.15, М., с. 150.

21. Там же, с. 150-151.

22. Там же, с. 163.

23. Там же, с. 147. Кстати, Лотман тоже ссылается на работу Бахтина, но не о Достоевском, а о Ф. Рабле. В его термине "полифоническая структура" видно влияние Бахтина, так как он, говоря о

многослойности диегезиса в фильмах второго периода , упоминает о карнавализованной процессии в финале "Ночи Кабирии" и "8 1/2" .

24. Шилова И. М. [Статья без названия] — Киноведческие записки ,1991, № 11, с. 140-147.

25. Там же, с. 140.

ГЛАВА 2 : ПОЛИФОНИЧНОСТЬ КАК КЛЮЧ К СОВРЕМЕННОМУ КИНОИСКУССТВУ

1. Полифоничность в контексте эволюции нарративного кино

Зарождение трех типов полифоничности — на опыте японского кино

Как мы видели в эйзенштейновском анализе "Гражданина Кейна" и "Ивана Грозного", уже в середине 1940-х гг. теория кино открыла новую перспективу для переосмысления структуры нарративного кино, т.е.структуры, не подчиненной линейному сюжетосложению, создаваемому объективным, безличным повествователем. Нодело не столько в новаторстве кинотеории, сколько в той общей тенденции эволюции нарративного кино, которая к этому времени явно появилась перед глазами теоретика. Эта тенденция — обновленное обращение нарративного кино к кинематографическому воплощению субъективного видения персонажей или рассказчика(ов)(1). "Гражданин Кейн" — фильм о биографии одного человека, интерпретированной с точек зрения разных персонажей. "Иван Грозный"— трагедия одного человека, воплощенная не в объективном "безличном" стиле, а всеми выразительными средствами кино, которые по разному отражают духовную и социальную жизнь этого человека. Как сам Эйзенштейн отметит чуть позже, увлечение кинематографистов выражением внутреннего мира человека в 1940-е гг. кажется возвратом к подобному направлению в немом периоде, навеянному фрейдизмом(2). С другой стороны, как часто указывается исследователями, субъективное повествование в нарративном кино имеет прообраз в литературе, особенно в романах 19-го и 20- го веков.

Однако влияние психоанализа и освоение кинематографом нарративных приемов в романе не исчерпывают и не отменяют большого значения этой тенденции 40-х гг. В попытках выразить субъективные точки зрения, нарративное кино включило тогда звук, речь и музыку в свою нарративную систему как органичные составные элементы и, тем самым значительно усложнило семантические отношения внутри данной системы(3). Кинематограф начал развивать собственную нарративую систему, которая имеет генетическую связь с литературой, но уже не просто имитирует ее нарративную систему.

Нас интересует этот период еще и потому, что тогда и в Европе, и в Америке, и в Японии национальное кинопроизводство находилось в относительно изолированном состоянии в результате ограничения экспорта и импорта фильмов из-за напряженного международного положения и технических трудностей преодоления языкового и культурного барьера. Такая изоляция и вмешательство государств во выбор материалов и тем кино способствовали обращению выдающихся кинематографистов к собственным национальным культурам и в результате в их фильмах появились многослойные стили, противоречащие замкнутости общественного сознания своих стран. Для утверждения этого достаточно указать на субъективное и плюралистическое повествование "Гражданина Кейна", на трагизм и антинатуралистическое строение "Ивана Грозного", на романтизм и на слияние театральности и реализма "Детей райка" М. Карне и т.д. Звукозрительное нарративное кино вступило в новый этап своей эволюции к концу 50-х гг.

Мы здесь обратим особое внимание на подобный процесс в японском кино, который до сих пор остается малоизученным и имеет большое значение для нашего теоретического исследования. Речь пойдет, в основном, о творчестве трех режиссеров, наиболее ярко представляющих вышеуказаные тенденции мирового киноискусства с 1940-х до конца 50-х гг.: Кэндзи Мидзогути, Акиры Куросавы и Кэйсукэ Киноситы. Мы можем наблюдать в их творческом пути аналогии с поисками и открытиями таких мастеров, как С.М.Эйзенштейн, О. Уэллс, Ж.Ренуар и А.Рене. И существенно то, что эти художественные поиски и открытия проводились японскими мастерами, по всей видимости, без всякого влияния этих великих мастеров. (В Японии фильмы и статьи Эйзенштейна во время войны, конечно, были запрешены и во время американской оккупации их мало кто знал. Единственный японский перевод теории Эйзенштейна до 1952-го года был опубликован в 1940-му году(4), но на практику кинематографистов, судя по их фильмам, не оказал влияния. Что касается других мастеров, как мы увидим ниже, японские режиссеры даже опередили их.) .

Однако, надо отметить и другую особенность фильмов вышеназванных японских режиссеров, которая не имеет аналогии в зарубежных фильмах, но имеет прямое отношение к нашему исследованию. Речь пойдет о разнообразии ритмов, осуществляемых на уровне киематографического дискурса, которое установлялось в японском кино уже к середине 1940-х гг.

*   *   *

Три типа полифоничности в нарративном кино, хотя и реализуются на разных уровнях структуры фильма, базируются на одном общем элементе. Это — временная длительность произведения, определяемая соотношением длины пленки и стандартной скорости ее движения внутри проектора во время просмотра, что в немом периоде было неосуществимо(5). После того, как звуковое кино технически реализовалось и приобрело непоколебимую популярность, длительность каждого фильма стала математически строго учитываемым его композиционным элементом. Сама технология звукового кино предполагает точность и ровность течения пленки, чтобы воспроизводимые звуковые элементы (особенно речь и музыка) воспринимались нормально. А для режиссеров, которые стремились к созданию строго определенной темпоритмической структуры в своем фильме, эта технология представлялось идеальным условием для подобной попытки (Вспомним увлечение Эйзенштейна "вертикальным монтажом" в фильме "Александр Невский"(1938)).

Само требование строгой организации темпо-ритмической структуры фильма существовало уже в 1920-е гг., но скорее как теоретическое требование.

Наиболее заметным примером этого служит, наверное, статья В. Пудовкина "Время в кинематографе"(1923), подчеркивающая значимость точно учтенного ритма во всех моментах движения фильма (смена кадров, смена крупностей планов, снимаемые объекты) по аналогии с партитурой музыки(6). Но, с распространением звукового кино, практический опыт показал кинематографистам, что звуковые элементы со своими разными функциями требуют от создателей фильма гораздо более сложной организации темпоритмических элементов, чем она казалось в немом периоде. Например, длинный подвижный план с обильными щумами, напряженными разговорами персонажей и музыкой быстрого темпа может вызвать у зрителя не менее сильное ощущение резкого ритма, чем быстрая смена крупных планов в немом фильме. К тому же в таком длинном плане звукового кино различные темпоритмические элементы могут параллельно развиваться, например, разными движениями снимаемых объектов на передном и заднем планах одного кадра, несоответствием ритмов между действием и музыкой, и т.д. Значит, технология звукового кино открыла возможности *полиритмической организации звукозрительных элементов фильма*, и тем самым подготовила необходимое условие для осуществления *музыкальной полифонии* в нарративном кино.

Однако для осуществления этой структуры еще нужны были и другие факторы. Во-первых, нужен был конкретный композиционный принцип, который обеспечивает в фильме осуществление музыкальной полифонии. Во-вторых, нужно было накопление самых разных стилистических приемов для четкой дифференциации ритмов в звукозрительной ткани фильма. Думается, что эти два момента еще недостаточно осознаны или реализованы для полного осуществления музыкальной полифонии. Но разнообразие ритмов, явно обнаруживавшееся одновременно в фильмах разных режиссеров, может считаться зародышем подобной полифонии или, по крайней мере, необходимым условием ее появления. Обращение к опыту японского кино 40 - 50-х гг. и в этом отношении теоретически и исторически вполне закономерно. Но сначала нужно коротко изложить исторические факторы, обусловившие эволюцию японского кино данного периода.

Уже в 1920-е гг. японское кино начало самостоятельную эволюцию, с одной стороны, под влиянием американского кино, техника которого применялась японскими молодыми кине-матографистами, освоившими ее практически в

Голливуде (освещение, съемка, монтаж,и т.д.), а с другой, появлением чисто японского киножанра "дзидайгеки" фильм (исторический фильм, обращающийся к материалу феодальной эпохи в Японии) и теоретическими размышлениями критиков и практиков о сюжетной и монтажной композиции фильма(7). А в 1930-е гг. в японских кинотеатрах показывали французские и немецкие звуковые фильмы. Среди них особенно большое влияние оказали на молодых кинематографистов, фильмы Рене Клера. В сохранившихся до сегодняшнего дня ранних звуковых фильмах можно довольно легко обнаружить влияние Клера. С другой стороны, режиссеры, дебютировавшие в немой период, к середине 30-х гг. уже выработали свои индивидуальные манеры, основанные, в сущности, на японских художественных традициях и одновременно отражающих видение современной японской действительности. Такие шедевры, как "Хитори мусуко (Единственный сын)" (1936) Ясудзиро Одзу, "Гион но симай (Гионские сестры)"(1936) Кэндзи Мидзогути являются убедительным тому подтверждением. Нас интересует здесь прежде всего контраст ритмических структур их фильмов. Одзу почти не использовал длинный план и панораму, предпочитал относительно короткий (по сравнению с американским кино, средний) план со статичной композицией. А Мидзогути очень часто передвигал камеру, предпочитая проследить ею за персонажами на общем и дальнем плане. Каждый мастер уже в то время установил свой принцип темпоритмической организации дискурса фильма.

Остро критический и сатирический взгляд на современную жизнь обнаружился в фильмах Тому Утида, чей фильм "Кагиринаки дзэнсин (Бесконечное движение вперед)"(1937) рассказывает трагическую историю уволенного служащего среднего класса, который в конце концов сошел с ума. Сюжет фильма был соткан из реальности и оптимистической мечты сумасшедшего героя, отчего возникал черный юмор. (К сожалению, оригинальный вариант этого фильма потерян, но судя по реконструированному варианту, художественный эффект, вызываемый сочетанием реалистического изображения повседневности и внезапного ее превращения в кошмар, огромно.) Утида и несколько других режиссеров радикальной направленности соединили в своем кино динамичные и статичные планы, и у них смена ритмов подчинялась драматургии каждого фильма, которая отличается многослойным сюжетосложением. Подобная много-слойная драматургия, в принципе позволяющая равноправное сосуществование личных дискурсов в фильме, после войны была наследована и более динамично развернута такими тогда молодыми режиссерами, как Куросава , Киносита, Осима и т.д.

Менее радикальные, но зато более изысканные стили установили режиссеры, создавшие фильмы преимущественно в жанре "дзидайгеки". Сохранившиеся три фильма Садао Яманаки, всеми японскими критиками признанного преждевременно умершим гением, характеризуются тонким лиризмом и легким юмором. Но более важное для нас — неспешный ритм повествования его фильмов, осуществляемый медленным развертыванием сюжета, который состоит из параллельных линий и в финале внезапно обнаруживает драматическую остроту, но только через намек на катастрофу, и заканчивается короткой лаконичной сценой. Последний фильм Яманаки "Ниндзё камифусэн (Человеческие чувства и бумажные шары)"(1937) ярче всего показывает вышеуказанные стилистические черты. Ритмическую структуру фильмов Яманаки, если позволено отступление от научной строгости, можно назвать "мелодической", так как там, в отличие от произведений Мидзогути и Одзу, сам ритм не так отчетливо обнаруживается в каждом отдельном кадре или сцене, но воплощается в композиции произведений. в целом. Такая ритмическая композиция напоминает или композиционный принцип театра Но "дзё-ха-кю (введение, медленное развертывание, быстрое завершение)", или японскую поэзию, основанную на чередовании определенных чисел слогов (5-7-5, 5-7-5-7-7,5-7-5-7..., 7-5-7-5...). Подобная темпоритмическая структура существует и в картине Мансаку Итами "Аканиси Какита"(1936), считающейся одним из лучших "дзидайгеки" фильмов 30-х гг. Влияние традиционной японской эстетики на темпоритмическую структуру японского кино является интересным предметом исследований, но здесь мы не можем углубляться в эту проблему.

Во время войны, несмотря на государственный контроль над кинопроизводством, лучшие кинематографисты Японии не утратили свой исконный либерализм и свои художественные принципы. Даже тогда, когда их принуждали снимать чисто пропагандистский фильм, обычно получился такой "плохой" фильм, как "Рикугун (Армия)" (1944) Кэйсукэ Киносити. Документальный фильм Фумио Камэй "Татакау Хейтай (Сражающиеся солдаты)" (1940) даже был запрещен из-за его антивоенной настроенности. "Дзидайгеки" фильм и фильм о мужественном спортсмене конца 19-го века, которые, по намерению тогдашнего японского

123

правительства, должны были поощрять дух самураев и воинственные настроения в народе, благодаря режиссуре Мидзогути и Куросавы превращались или в трагическую историю о молодых влюбленных в абсурдной ситуации "адаути"(возмездие самураев за их умершего хозяина), или в гимн душе молодежи, удивительно чистой и искренней ("Гэнроку Чусингура"(1941-42) Мидзогути и "Сугата сансиро" (1943)" Куросавы). Во время войны лучшие японские режиссеры не сняли ни одного откровенно милитаристического или шовинистического фильма, подобного "Триумфу воли"(1935) Л. Рифеншталь. Это положение объясняется не только и относительно либеральным настроением довоенных кинокомпаний, но и тем, что японская армия, практически управлявшая Японией во время войны, не высоко оценивала пропагандистские возможности кино (По историку Японского кино Тадао Сато, в декабре 1941-го года речь премьер-министра Хидэки Тодзё в императорском совете впервые была снята на кинопленику для пропагандистской хроники, по предложению кинокомпании Нихон-эига-ся, сославшейся на подобную хронику с гитлеровскими речами(8)). Поэтому, в рамках "дзидайгеки" фильма или другого исторического жанра Мидзогути и

Куросава могли углубляться в японские эстетические традиции без налета шовинизма.

*   *   *

Теперь обратимся к разбору творческого пути вышеназванных трех режиссеров после 1940-го года. Каждый из них не одинаковым образом представляет примеры возникновения трех типов полифонии. Мы начинаем описание этого процесса с зарождения первого типа, т.е. появления полиритмии в японском нарративном кино.

Вообще разнообразие ритмов появляется в фильмах Куросавы и Киноситы очевиднее, чем в фильмах Мидзогути. Но у этих режиссеров оно было побочным эффектом, вызываемым другой структурной многослойностью (по крайней мере в данном периоде). О них пойдет речь позже. А Мидзогути использовал ритмическое разнообразие в рамках традиционного нарративного дискурса. Его кинематографический стиль основывается на принципе *наблюдения.* Одни критики хвалили его беспощадный реализм, а другие критиковали его погружение в старую японскую художественную традицию. Существовали прямо противоположные оценки его стиля. Этот факт означает не столько смену доминантных критериев среди критиков или разницу отечественной и зарубежной оценки Мидзогути, сколько сложность его кинематографического дискурса. Основываясь на традиционном сюжетостроении и принципе наблюдения, уже в конце 30-х и начале 40-х гг. он свидетельствовал своими фильмами, что ритмическое разнообразие может осуществляться в рамках миметического повествования и традиционного сюжета, хронологически рассказывающих события и представляющих стабильный диегезис. Основные темпоритмические элементы в его фильмах — длина кадров, движение киноаппарата, игра актеров и музыка.

С теоретической точки зрения это положение позволяет рассматривать конструктивные элементы разноритмия в нарративном кино в относительно чистом их виде, так как здесь нет других многослойных структур. С исторической же точки зрения, легче начинать исследование эволюции кино с таких первых технических прорывов, как чрезмерно длинный план или динамическую съемку на экране. Фильмы Мидзогути в обоих контекстах представляют для исследователей большой интерес.

Ритмическое разнообразие в фильме "Гэнроку Чусингура"

В истории мирового кино, наверное, мало таких фильмов, которые достигли подлинного откровения в эстетическом плане, и тем не менее до сих пор остались малоизвестными зарубежным исследователям, как "Гэнроку Чусингура". Причины его неизвестности вполнеясные. Этот фильм слишком аскетичен в выразительности и последовательно построен по принципу "одна сцена = один кадр". Его сюжет основывается на историческом событии феодальной эпохи Эдо, многократно представленном в театре Кабуки или в кукольном театре Бунраку в эпоху Эдо, но первоисточником фильма послужил более реалистически интерпретированный вариант писателя Сэйка Маяма, включающий мелодраматическую линию трагедии молодых влюбленных. К тому же в этом фильме наличествуют пропагандистские элементы, которые только при определенном знании японской истории можно отличить от исторического правдоподобия. Для объективного понимания фильма исследователь должен иметь в виду вышеизложенные факторы, иначе этот фильм из двух частей покажется слишком длинным и скучным, равно как и "сложные" современные ленты, если рассматривать их без учета культурного контекста.

Однако здесь нас интересует скорее формальное новаторство этого фильма, чем его интерпретация . Даже тот факт, что он состоит только из 159 кадров и время проекции первой и второй частей доходит до 3-х часов 42-х минут(9), означает его уникальность в истории кино. Ведь в начале 1940-х гг. режиссеры, обычно считавшиеся критиками и исследователями представителями новаторского "длинного плана", не так радикально отступали от нормативной длительности кадра, как Мидзогути. В фильме У. Уайлера "Письмо"(1939), например, средняя длительность одного кадра — 18 секунд, а наиболее стандартная длительность одного кадра в голливудском кино 30-х и 40-х гг.— 9-10 секунд(10). В данном фильме Мидзогути средняя длительность одного кадра — около 1минута 24 секунды! Поскольку известные эксперименты с длинными планами А. Хичкока "Веревка"(1948) и "Под знаком Козерога"(1949) появились уже в конце 40-х гг. то "Гэнроку Чусингура" и предыдущий фильм Миздогути "Дзангику-моногатари"(1939) являются первыми фильмами в истории мирового кино, которые систематически использовали чрезмерно длинные планы.

У Мидзогути длинный план служит в первую очередь способом пристального наблюдения процессов, происходящих перед камерой, т.е. в диегезисе. Вместе с тем, через движение камеры его длинные планы приобретают смысл, который в предкамерной реальности не содержится. Этот смысловой слой, создаваемый движением камеры, в творчестве Мидзогути, может быть насыщен закодированными смыслами или только определяет ритм данной сцены. А её ритм определяется не только движением камеры, но и движением актеров и ходом события данной сцены. Так как движение актеров в фильмах Мидзогути не выходит за пределы исполнения переживаемых ими ролей (т.е. оно не приобретает символического смысла и не завершает темпоритм отдельного кадра), ритм сцены обычно не имеет независимой от драматургии смыслообразующей функции. Однако чрезмерно длинные кадры со свободным движением камеры и переживаемым актерами временем диегезиса, запечатленным в них, в целом представляют самые разные ритмы.

Другим преимуществом длинного плана у Мидзогути в достижении разноритмии является широкий диапазон возможных контрастов длины кадров. В случае фильма "Гэнроку Чусингура", разница длительности соседствующих кадров иногда весьма велика. Например, в сцене сообщения самураями во главе с Кураносукэ Оиси умершему их хозяину о выполненном "адаути" перед его могилой за самым длинным планом фильма (6 минут 2 секунды) следует восеминадцатисекундный кадр. Менее острое сопоставление длительности кадров обнаруживается в сценах, отличающихся заострением драматического напряжения. Например, в первой части фильма, когда Оиси уговаривает самураев, рассерженных оскорблением и смертным приговором, вынесенными их хозяину Такуминоками Асано, подчиниться решению центрального правитльства и терпеливо ждать момента для "адаути". В эту сцену включаются кадры 11-17 секунд рядом с кадрами дольше минуты. Подобное сопоставление кадров разной длительности порождает более четко дифференцированное ритмическое разнообразие, чем один длинный кадр. Здесь переход с одного ритма на другой под-черкивается и сменой крупности кадров и точек зрения (например, от дальнего плана с высокой точки съемки к поясному плану с низкой точки съемки).

Но самый замечательный пример, представляющий ритмическое разнообразие дискурса этого фильма, находится в середине второй части, когда вдова Асано получает весть о выполненном "адаути", а 47 преданных самураев с головой врага Козкэносукэ Кира приходят к могиле их хозяина. Здесь не только контрастом длины кадров, но и контрастом статики и динамики внутрикадровых объектов, контрастом крупности планов, изменения скорости актерской речи и использованием музыки, подчеркивается драматическая кульминация, и одновременно, возникают разные ритмы, не обязательно совпадающие с нарастающим сюжетным напряжением. По содержанию здесь существуют две сцены: Во дворе Асано, его вдова к утру получает весть о выполненном возмездии. К могиле Такуминоками Асано придут подданные самураи, перед ней Оиси сообщает умершему Асано результат "адаути" и испытания самураев во время томительного ожидания этого момента. Эти сцены состоят всего из 10 кадров. Ниже представим схематичную таблицу, указывающую число и длительность кадров и ритмические элементы в каждом кадре этих сцен. Для удобства анализа каждый кадр нумерован.

Содержание кадра	Длительность кадра	Ритмические элементы
1.Ночный двор покрытый снегом (общ. план)	10 сек.	Музыка медленного темпа
2.Вдова, лежащая в постели (общий план)	7 сек.	Музыка медленного темпа
3. Цветок камелии во дворе (деталь)	6 сек.	Музыка медленного темпа Опадающий с ветки камелии снег
4. Вдова, сидящая на постели (общ.план)	6 сек.	Музыка медленного темпа
5. Две служанки проходят через темный коридор . (дальн. план)	13 сек.	Музыка медленного темпа. Проходящие служанки
6. Старая служанка входит в спальню и разговаривает с вдовой.(общ.план)	3 мин. 55сек.	Музыка медленного темпа. Медленная речь актрис. Медленное движение камеры
7. Третья служанка приносит письмо от одного самурая, сообщающее о выполнении возмездия, и старая служанка читает его вслух вдове. (общ.план)	2 мин.28 сек.	Живая реакция вдовы и старой служанки на содержание письма. Ритмически ускоренная речь старой служанки. Плавное приближение каме-ры к двум женщинам.
8.Во двор Сенгаку храма входят самураи и перед могилой Асано опускаются на колени. (даль.план)	1мин. 5сек.	Триумфальный марш среднего темпа, который переходит в мелодич. музыку медленного темпа. Ровное движение массы самураев и их лидера Оиси.
9. Оиси сообщает умершему хозяину о выполненном возмездии и испытаниях подданных самураев, и обращаясь к ним, благодарит их за сотрудничество, просит двух самураев сообщить об их возмездии центральному правительству. (общ.- дальн.- общ. планы)	6 мин. 2 сек.	Медленное движение камеры. Спокойная речь Оиси. Резкое движение выходящего из кадра Сукээмон (самурай, который сначала не хотел выполнять роль посланца, чтобы не отстать от оста-льных в выполнении "харакири" перед могилой хозяина)
10.Выходящие из двора храма два самурая (общ.-дальн. планы)	18 сек.	Резкое движение Сукээмон, уходящего с другим самураем в глубину кадра . Триумфальный марш среднего темпа

Из этой таблицы становится ясным, что ритмическое разнообразие отчетливо появляется тогда, когда разнородные темпоритмические элементы (длина кадров, движение камеры, игра и речь актеров и музыка) образуют резко отличающиеся друг от друга темпы и ритмы. Например, когда вдова Асано не может спать и одна ждет утра (кадры 1-4), статичность содержания трех кадров (1,2 и 4) и ритм, создаваемый сменой недолгих кадров (2, 3 и 4) и опаданием снега с ветви камелии, представляет контраст двух ритмов. А музыка образует третью ритмическую линию, продолжая один и тот же темпо-ритм с первого кадра до пятого.

Сцена во дворе Сенгаку храма тоже содержит параллелизм темпоритмических элементов, но на этот раз их ритмические линии скорее совпадают, чем контрастируют. В 8-ом кадре движение самураев и ритмическая линия музыки почти полностью совпадают (вход самураев во двор храма и их приближение к камере — марш, их остановка перед могилой и опускание на колени — мелодическая музыка медленного темпа). Но здесь и нет точного их совпадения, так как движение самураев сначала не отчетливо различается, но по мере их приближения к камере даже спокойные их движения обнаруживаются отчетливо. В этом случае ритм движения, передаваемый самым изображением, не совпадает с ритмом драматического напряжения, воплощаемого игрой актеров, но с ним совпадает ритм музыки. Только в последний момент этого кадра обнаруживается полное совпадение ритмов изображения и музыки. Здесь, как часто бывает в поздних фильмах Мидзогути, фиксированная точка съемки вызывает дифференциации ритмов изображения и накладываемой на него музыки. (Вспомним удивительный эпизод в позднем его фильме "Сайкаку итидай оннна (Женщина Сайкаку)" (1952), изображающий встречу старой проститутки Охару со своим взрослым сыном, который не знает родную мать. Там темп музыки, сочиненной композитором Итиро Сайто постепенно ускоряется, а темп изображения иногда замедляется). Это открытие в фильме "Гэнроку Чусингура", наверное, явилось результатом сотрудничества режиссера с композитором Сиро Фукай.

Надо отметить, что параллельное развертывание разных ритмических линий, наблюдаемое в данном фильме Мидзогути, не могло осуществляться ни в тогдашнем голливудском кино с "незаметным" музыкальным сопровождением и раздробленным на короткие кадры изображением, ни в эйзенштейновских фильмах, направленных на полное соответствие ритмов музыки и изображения. Так, в начале 1940-х гг. Мидзогути уже открыл основные приемы для реализации разноритмии во временной структуре дискурса фильма, не противоречащие классическому нарративному дискурсу в кино. Эти приемы потом наиболее сознательно использовались, наверное, в фильмах Куросавы "Кагэмуся (Тень воина)"(1980) и "Ран"(1985).

Нарративная полифония в фильмах Кэйсукэ Киносита

Современное нарративное кино обладает разными способами для выражения сосуществования личных дискурсов. Анализ "Гражданина Кейна" в статье Эйзенштейна показывает, что эти способы в звуковом периоде открывались сначала как выражение личного рассказа о событиях. В отличие от кинемато-графической передачи субъективности автора или персонажа в немом кино, подобное выражение в звуковом кино обладает отчетливо узнаваемыми признаками конкретной личности. Это связано с тем, что к концу 1930-х гг., нарративное кино вообще и в частности голливудского производства установило безличный нарративный дискурс, основывающийся на синхронности изображения и звука и на хронологическом повествовании. На фоне этого стандартного безличного дискурса, личные кинематографические дискурсы с закадровыми голосами рассказчиков или субъективно искаженными звуками и видениями, не могут не восприниматься как дифференцированные стили, т.е. выражение мировоззрений разных личностей. Сами эти мировоззрения могут быть определенными идеологиями,или представляют общественное мнение, или просто подсказываются формами субъективных переживаний события. В звуковом кино не произошло ни сужения и ни расширения диапазона воплощаемых в фильме дискурсов. Важно то, что их сосуществование в одном произведении сейчас *выражается* его автором *и воспринимается* зрителем через узнаваемые дифференциации *в рамках одного нарративного дискурса*, выразительная система которого стала общедоступной и сама по себе незаметной (11). Достаточно вспомнить такие классические фильмы, как "Как зелена была моя долина"(1941) Д.Форда и "Короткая встреча" (1944) Д. Лина, чтобы понять значимость этого прозрачного стиля для дифференциации личных дискурсов в нарративном фильме.

Творчество Кэйсукэ Киноситы в этом отношении представляет особый интерес, поскольку в его фильмах часто обнаруживаются сосуществование разнородных стилевых признаков и подчеркнуто дифференцированные рассказчики или повествователи. Кажется, такое направление у Киносита зародилось во время войны, когда он, дебютировавший комедийной картиной, вынужден был поставить пропагандистский фильм "Рикугун". После войны режиссер снимал фильмы в разных жанрах (комедия, мюзикл, исторический фильм, мелодрама и т. .д.), но в них он не всегда строил такую полифоническую структуру, как в "Рикугуне". Самый яркий пример подобной структуры можно обнаружить, наверное, в фильме "Нихон но хигэки (Трагедия Японии)"(1953).

"Рикугун" был завершен в ноябре 1944-го года. т.е. почти в конце второй мировой войны. Киносита только что дебютировал в предыдущем году как режиссер в тридцать один год, одновременно с Куросавой. (Он был на два года моложе чем Куросава). В конце 1944-го года поражение Японии уже чувствовалось многими из нашей интеллигенции, и её умонастроение отражается и в фильме "Рикугун". Интересно, что в этом заказной работе критика милитализма и слепого послушания ему японских граждан ни разу откровено не прозвучала, но замаскирована на уровне нарративного дискурса и в звукозрительной ткани фильма.

В нарративном дискурсе этого фильма обнаруживаются, по крайней мере, два разных пласта, отчетливо узнаваемых по стилевым признакам. Один представляет собой явно пропагандистский, лишенный авторского начала, хотя сделанный профессионально. Он доминирует в первой трети ленты, то есть в течение около 30 минут. Однако потом начинает доминировать другой дискурс, по всей видимости, нарративный дискурс самого автора. Эти два пласта резко отличаются друг от друга скоростью развертывания сюжета, длительностью кадров, и монтажными приемами и т. д. Фильм начинается откровенно пропагандистским прологом, не имеющим никакого отношения к его сюжету: Салютующие солдаты. После титров, наложенных на изображения солдат, начинается короткие эпизоды, показывающие положение страны во время Мэйдзи Реставрации(1867) и повествующие о мещанской семье Такаги, которой доверена одним самураем книга "Великая история Японии", принадлежащая перу генерала Мицукуни Мито. Изображение гражданской войны представлено короткими кадрами (1–4 секунды), сопровождаемыми титрами. Это совершенно безличный стиль пропагандистского хроникального фильма. А после того, как история о семье Такаги начинается, длительность кадров внутри сцен заметно изменяется. Нередко используются длинные планы, продолжающиеся дольше 30-ти секунд. Так возникает яркое противопоставление двух стилей. Но дело не только в этом.

Сначала в фильме два разных стиля, т.е. стиль пропагандистской хроники и стиль игрового фильма с длинными планами, рассказывают одну историю, военно-политическую историю Японии после Мэйдзи Реставрации. История семьи Такаги здесь неразрывно связана с такими политическими событиями, как японо=китайская война и русско=японская война, и главные персонажи фильма Томохико Такаги (Чисю Рю) и его жена Вака(Кинуё Танака) представляются как верные государству граждане. Но эта монологичность постепенно разрушается сдвигом центра тяжести в чисто игровой части фильма. Томохико Такаги и его жена Вака оказываются нежными родителями двух сыновей, и Томохико, бывший капитан во время русско=японской войны, но не имеющий опыта боевых действий из-за своего нездоровья, теперь выступает как довольно наивный служитель "Великой истории Японии". Пропасть между их ложным политическим кредо и душевной добротой становится всё более и более очевидной. (Кстати, это ироническое противоречие вызывается не только их поведением и репликами, но и тем фактом, что их играют Рю и Танака, актеры, обычно исполнявшие в японском кино добрых, честных граждан). И сама история в фильме начинает разворачиваться как чисто семейная история. Она постепенно приобретает трагические оттенки к концу фильма, и в финальной части превращается в историю трагической разлуки матери с сыном, отправляющимся на фронт. Но даже после того, как авторский дискурс начал превосходить пропагандистский дискурс, сам нарративный дискурс неизменно содержит и официально-безличное начало. Хроникальные или им подобные куски с титрами и воинственной музыкой часто прерывают основную историю. При этом интересно то, что когда в игровой части вставлены кадры, изображающие статуи исторических фигур, обложки "Великой истории Японии" или школьного учебника, их длительность всегда очень коротка (1-3 сек.), как будто они отделяют себя от собственно авторского дискурса, имитируя стиль пропагандистской хроники.

Кроме официально-пропагандистского дискурса и дискурса автора фильма, осуществляемых в структуре нарративного дискурса, "Рикугун" представляет и личные дискурсы персонажей через яркий контраст словесных выражений вообще. Титры, сопровождающие пропагандистские изображения, характеризуются обильным использованием *канго* (слова, имеющие китайское происхождение, написанные иерогрифами, вызывающие возвышенное или стоическое впечатление.) и эталонных литературных выражений. А живая речь актеров характеризуется использованием диалекта области Кюсю, бытовыми содержанием и интонацией. Эти элементы актерской речи позволяют представить конфликты между личными дискурсами персонажей в замаскированном виде, поскольку диалект и бытовые разговоры обычно ассоцируются в зрительском сознании с доверчивостью, честностью и добротой "средних" граждан.

Во второй половине фильма Томохико два раза спорит с директором завода Сакураги, который принял его на работу как учителя японской истории для молодых работников его завода. Первый спор возникает по той простой причине, что Сакураги не принял арбуз, принесенный Томохико по совету жены, когда он впервые встретился с будущим нанимателем. Сакураги сразу отказался от этого подарка, увидев в этом намерение приобрести расположения нанимателя, а Томохико совсем не подумав об этом, почувствовал оскорбление от поступка Сакураги. Сам эпизод кажется банальным, но затем их разговор сообщает зрителю, что Сакураги действительно воевал во время русско=японской войны, а Томохико, несмотря на сильное патриотическое чувство и хорошее знание политической истории Японии, не знает подлинной войны. Второй их спор возникает по поводу различия мнений о том, связана ли победа Японии над монгольской армией с легендарным "*камикадзэ* (божий ветер)" в эпоху средневековья. После лекции Томохико об этой победе Сакураги говорит ему, что если бы тогда не подул *камикадзэ,* Япония могла подвергнуться опасности. А Томохико сразу возражает ему, заявляя, что даже без *камикадзэ* Япония не могла потерпеть поражение. Здесь сам спор является глупостью, но важно то, что происходит конфликт двух разных мировоззрений, реалистического ·· Сакураги и далекого от действительности ·· Томохико. Каждое из этих мировоззрений представляется в споре без всякой оценки со стороны автора, как самостоятельный дискурс конкретного человека. Пропасть между мировоззрениями Томохико и Сакураги становится еще очевидней в следующих сценах. В сцене разговора Сакураги с капитаном Нисина обнаруживается его страх потерять своего сына на фронте. А Томохико даже во время прощального банкета для старшего сына

Синтаро, отправляющегося на фронт, учит его значимости "Гундзин чёкую (императорские учения для военных)"

Самым сложным примером выражения личного дискурса в этом фильме служит образ Вака, воплощенный актрисой Кинуё Танака. Она сначала ведет себя как верная жена Томохико и нежная мать двух детей, но из-за веры в правоту государственных политических решений либо упрекает ребенка за его неуважение к государственному учебнику, либо жалуется на физическую слабость Синтаро, потому что он не может стать превосходным солдатом. Однако, образ этой патриотической доброй матери к концу фильма обнаруживает свое внутреннее противоречие. После вступления Синтаро в армию, перед его отездом на фронт, в доме Такаги вечером дается скромный прощальный ужин. Томохико, Вака, Синтаро и его младший брат немногословны, но их связывает очень добрые, дружеские отношения. На следующий день, когда Вака работает в магазине, приходит соседка и спрашивает, почему она не пошла с мужем и вторым сыном проводить Синтаро. Вака отвечает, что она в подобном случае всегда плачет и это кажется некрасивым, что сына они уже поручили Небесному сыну (т.е. императору). Но сразу после ухода соседки она садится на *энгава* (коридор дома, открытый во двор). Сначала ее неподвижная поза, снятая общим планом в темном тоне кажется признаком ее физической усталости. Но следующий кадр крупным планом показывает на протяжении 1 минуты 53 секунд изменяющееся ее душевное состояние: Сначала она с закрытыми глазами слегка поворачивает голову, как обычно японцы делают, чтобы расслабить напряженность шеи и плеч. Потом она открывает глаза, с растерянным выражением начинает бормотать что-то, и эти слова оказываются взятыми из "Гундзин чёкую". Издалека слышится звук военной трубы, и она приходит в себя от этого звука. В ее лице видно душевное волнение. За этим кадром следует не менее выразительный кадр, одновременно представляющий авторский дискурс и субъективное видение героини: через окно видна бумага на стене, на которой написано "Великая история Японии"и т.д. Камера панорамирует налево, показывает детали двора и деревянной стены дома как будто бы с точки зрения взволнованной матери. Но когда панорама заканчивается, Вака быстро входит в кадр, останавливается, жестами выражает нерешительность, и уходит из кадра с правого его края. Камера опять начинает панорамировать налево, на этот раз явно независимо от субъективности героини, показывает между стенами открытое пространство выхода дома. Туда она справа входит и сразу уходит из дома. В течение 36 секунд этого кадра, единственный звуковой элемент — звук военной трубы — постепенно становится громким, что соответствует нарастающему волнению героини.

Механически, почти бессознательно произносимые героиней слова из "Гунд-зин чёкую" и тоже механически повторяющийся военной трубой ритм марша в этих сценах может выступать как непоколебимо безличный дискурс милитаристского государства императорской Японии, а выражения и жест актрисы представляются как живой, изменчивый, индивидуальный дискурс персонажа. Этот конфликт в финале обнаруживает свою более сложную сущность. В море людей в светлых одеждах, проводящих с маленькими флажками марширующих солдат, Вака с взволнованным выражением и в темной одежде кажется совершенно чуждой им. Воинственный хор, звучащий в самом конце фильма, просто подчеркивает обособленность этой женщины.

Таким образом, в фильме "Рикугун" Киносита нашел уникальный стиль нарративного кино, позволяющий выразить равноправное сосуществование личных дискурсов на разных уровнях структуры фильма (на уровне нарративного дискурса, на уровне словесного выражения, и на уровне звукозрительного монтажа). Этот уникальный стиль в полной мере обнаруживается в его фильме "Нихон но хигэки".

"Нихон но хигэки" был завершен в 1953-м году. К этому времени в мировом кино появились два противоположных направления, которые во многом определили дальнейший ход эволюции нарративного кино. Одно из них имело прямое отношение к открытиям в области наррации 40-х гг., сделанных вышеназванными фильмами О. Уэллса, Д. Лина и самого Киноситы. Это направление можно сформулировать как субъективизацию нарративного дискурса фильма через подчеркнутое его расслоение узнаваемыми нарративными приемами. Среди подобных приемов самым значимым явился, наверное, закадровый голос рассказчика. Этот прием иногда использовался для обрамления истории героя или рассказа о нем, и тем самым придавал им лирический или ностальгический тон (как в фильмах Д. Форда и Д. Лина). Но еще важнее для нашего исследования то, что этот прием смог обнаружить нарративность как таковую и лишил события на экране иллюзии реальности. Самым ярким примерам служит "Расёмон" Куросавы и "Всё о Эве" Д. Манкиевича (оба 1950-го г.), в которых истинность показываемых событий подвергнута сомнению обнажением нарративного дискурса вследствие их субъективного рассказывания. Подобное обнажение нарративного дискурса прямо противостоит другому направлению нарративного кино того времени, т.е. "реалистическому" направлению. Для сторонников этого направления идеальный кинематограф должен быть наиболее объективным отражением действительности с ее социальными отношениями и их временно-пространственными явлениями. Итальянские неореалисты и зарубежные их единомышленники полагали, что события в действительности должны быть представлены на экране в их неоднозначности. С подобной точки зрения нарративный дискурс как таковой должен быть нейтральным по отношению к событиям, он не должен оперировать ими, субъективизировать их. Длинный план и хронологически построенный сюжет были основными чертами кинематографа этого направления. Очевидно, что подобное требование объективности в конце концов ведет к отрицанию самой нарративности в кино.

В фильме "Нихон но хигэки" Киносита осуществил диалектическое соединение вышеизложенных двух направлений тогдашнего нарративного кино, и тем самым включил их в диалогические отношения дискурсов в одном фильме, сделав их частями конкретных (или личных, или безличных) дискурсов. Подобная объективизация разных направлений и их органичное соединение предвещают эволюцию нарративного кино в 60-е и 70-е гг., представленную такими режиссерами, как Ф.Феллини, А.Рене, Ё. Ёсида, и.т.д. Проанализируем фильм Киносита в данном контексте, так как именно здесь находится художественная значимость этого фильма в полном осуществляении нарративной полифонии.

Вместо пропагандистского безличного дискурса, начинавшего фильм "Рику-гун", в начале фильма "Нихон но хигэки" как его повествователь представлен демократично-публицистический дискурс. Но введение этого дискурса в структуру фильма осуществляется там и здесь одинаковым приемом. Как и в картине "Рикугун", Киносита поставил перед титром фильма почти безличный хроникальный эпизод. Вместо изображения солдат появляется много хроникальных кадров, свидетельствующих о политическом и социальном хаосе в течение восьми лет после войны. Их сопровождают двойной экспозицией титры, лаконично комментирующие общую ситуацию, конкретные примеры которой показаны документальными кусками и отснятыми сенсационными газетными заголовками (японский зритель сразу узнает содержание несколько кусков, показывающих, например, главного военного преступника Нидэки Тодзё во время процесса в Токио). А сам дискурс этого пролога, хотя и через титры откровенно критикующий современную ситуацию в Японии, не имеет заметного индивидуального момента, потому что изображение и текст не выходят за рамки стандартного хроникального стиля.

К тому же содержание титров синтаксически и семантически полностью подтверждает эту идентичность : "*Эта* история о матери и ее детях есть *ещё* один эпизод", "К тому же", "*Этот* зародыш трагедии, возникающей вокруг *нас* ", "отныне может разрастаться гуще и гуще по *всей земле Японии*" (курсив мой — С.Н.). Дальше развертывается трагическая история матери и ее двух детей в тяжелых послевоенных условиях, но в рамках этой истории уже не используются титры, хотя несколько раз используются газетные страницы и хроникальные материалы. Публицистический безличный дискурс как будто уступает свои права повествователя нарративному дискурсу, который на первый взгляд кажется тоже безличным. Сначала этот нарративный дискурс не воспринимается как таковой благодаря своей "прозрачности", естественности актерской игры и часто появляющимся натурным сценам. Однако при

149

внимательном рассмотрении оказывается, что он имеет определенное личное начало, дифференцирующее его от публицистического хроникального дискурса. Например, в этом нарративном дискурсе часто обнаруживается сочетание длинных общих или дальних планов с короткими крупными планами, сложное движение актеров и камеры в рамках одного кадра и внезапная вставка в настоящую сюжетную линию фрагментарных эпизодов о прошлом персонажей прямым монтажом. Эти приемы подсказывают зрителю о существовании повествователя, больше интересующегося обработкой стиля повествования, чем непосредственной передачей какой-то идеи через прямое обращение к зрителю. Нарративный дискурс выступает как дискурс автора фильма, тем самым подвергая сомнению только что установленную связь между публицистическим дискурсом и авторством фильма.

Но при развертывании сюжета этот подразумеваемый повествователь остается замаскированным. Он переключает в любой момент модальность и фокализацию наррации, но никогда не выражает событие с точки зрения персонажей т. е. фокализация всегда остается "внешней"(11)). Эта замаскированность мотивируется и ситуациями, в которых его модальность меняется. Каждый из главных трех персонажей (мать, ее дочь и сын) по своему вспоминают прошлые события, но не погружаются в них. Эти воспоминания — конкретные факты из жизни персонажей, которые в значительной степени определили их мироозрения. В отличие от "Расёмона" Куросавы, фильм Киноситы не совсем субъективизирует воспоминания персонажей. Сцены воспоминаний в нем по стилю минимально отличаются от сцен действительности, поскольку они сняты с одинаковой объективностью, только иногда в звуковом решении отличаются друг от друга. (Есть несколько эпизодов воспоминаний матери без всякого звука). Если не иметь в виду частоту и фрагметарность сцен воспоминания, то можно сказать, что по стилю наррации этот фильм находится между фильмами "Похитители велосипедов"(1948) В. Де Сика и "Хиросима, любовь мая "(1958) А. Рене, и более близок к последнему. Подразумеваемый повествователь фильма Киноситы остается объективным в наблюдении событий (настоящих и прошлых), а обнаруживает субъективность в их включении в строение фильма.

По содержанию сцены воспоминаний сугубо личные, но жестокие социальние обстоятельства тогдашней Японии придают им общий критический характер. В них не только главные герои, но и побочные, даже самые незначительные персонажи, часто высказывают от первого лица свои мнения о социальном положении в стране. Большинство таких мнений являются легкомысленными или эгоцентристическими, но не отвлеченными от действительности. Например, в одной сцене воспоминаний сестры и брата пьяный служащий в вагоне резко критикует кого-то, наверное, своего начальника, говоря, что демократия есть принцип равенства, по которому позволяется платить злом за зло. Подобные персонажи выступают и в воспоминаниях матери. Разные мнения произносятся всегда с присущими их носителям интонациями в достоверных ситуациях. Эти личные дискурсы вместе с дискурсами главных героев вступают в диалогические отношения в семантической структуре фильма. Его нарративный дискурс не скрывает себя за событиями в диегезисе (как в случае "классического" нарративного кино), не представляет конкретный образ автора, а только выражает равноправное сосуществование разных дискурсов, включая безличный публицистический дискурс. Диегезис этого фильма может интерпретироваться зрителем только через его реконструкцию из фрагментарных сцен (среди 126 сцен после пролога около 30 принадлежат ретроспекции разнообразной длительности), каждая из которых объективно представляет различные мировоззрения персонажей.

Исходя из вышеуказанных признаков можно сказать, что структура нарративного дискурса "Трагедии Японии" аналогична структуре нарративного дискурса "полифонического романа" Достоевского, рассмотренной в исследовании Бахтина. Там и здесь история повествуется публицистическим, объективным ее наблюдателем, который в конце концов просто поддерживает ту гибкую нарративную структуру и микроструктуру внутри ее, которые воплощают равноправное сосуществование личных дискурсов подразумеваемого автора и персонажей. Интересно то, что здесь обнаруживается и разнообразие ритмов, о котором шла речь в первой главе нашей работы -- длительность кадров и движение внутри них весьма разнообразны, от 2-3-х секундного неподвижного крупного плана до 5-иминутного подвижного общего плана. Но преображения диегезиса, тоже теоретически предусмотренное нами, здесь не происходит. Он просто представляется с его незавершенностью, требующей активной зрительской интерпретации.

Эксперименты Куросавы и информационная полифония в нарративном кино

И за границей и на родине Акира Куросаваобычно считается авторитетом или мастером классического кино. Это неудивительно, если иметь в виду неизменно высокую оценку на международных фестивалях после 1950-х гг. и кажущуюся ясную форму его фильмов. Однако, равно как и другие мастера японского кино, он никогда не прекращал поиска новой формы киноискусства и даже нередко экспериментировал в стиле(13). И его поиск и эксперименты в области формы тесно связаны с японской художественной традицией. Легкомысленно говорить, что у него есть более сильное тяготение к западной культуре и голливудскому кино, чем у Мидзогути и Одзу. Как и у них, творческий поиск новой формы, основанный на японской художественной традиции, привел Куросаву к открытию уникальной киноэстетики, завершенной в поздних его картинах.

Здесь нас интересует один из ранних его фильмов, представляющий нам наиболее ярко, в обнаженном виде, экспериментальную тенденцию в его творчестве. Речь идет о фильме "Тора но о о фуму отокотати (Мужшины, топчущие хвост тигра)" (1945). Стилистический эксперимент осуществлялся режиссером в трудной ситуации. По его словам, этот фильм был задуман вместо нереализованного из-за недостатка лощадей замысла *дзидайгэки* фильма "Доккой коно яри", главные роли в котором должны были играть уникальный актер *дзидайгэки* фильма Дэндзиро Окоти и комедийный актер Кэнити Эномото. Куросава написал другой сценарий, основываясь на материале и композиции пьесы кабуки "Кандзинчё", только добавив роль для Эномото(14). Съемка началась еще во время войны , а закончилась после войны. Последуюшая история с запрещением этого фильма и выходом его на экран в 1952-м году тоже представляют интерес, но здесь нет места для ее изложения. Важно то, что недостаток материальных и финансовых средств как бы привел автора фильма к уникальному стилистическому решению, особенно в плане соотношения изображения и звука.

Пьеса театра кабуки "Кандзинчё", на основе которой был создан "Тора но о о фуму отокотати", тоже имеет свой "первоисточник" — пьесу театра Но "Атака", а Куросава, по всей видимости, не признавал особого достойнства в "Кандзинчё" по сравнению с ее первоисточником(15). Композитор Тадаси Хаттори, сочинивший музыку для фильма "Тора но о о фуму отокотати", говорит о намерении Куросавы создать "мюзикл" в Японии (тогда у нас не было слова "мюзикл" и говорили о "музыкальном фильме"), и о влиянии кабуки на стадии его замысла(16). Действительно, общая композиция фильма напоминает не столько театр кабуки, сколько театр Но. Именно это сходство с театром Но в композиционном плане приближает звукозрительную структуру Фильма "Тора но о о фуму отокотати" к информационной полифонии.

Хотя это не подчеркивается явно, но по стилю и содержанию данный фильм разделяется на три части. Такое разделение соответствует и перемене мест действия. История развертывается только в трех местах — лесная гора, застава и поле. Первая часть фильма развертывается в лесу и на небольшой площадке в горах, вторая — на заставе, и третья — в поле. Кроме сцен в лесу, фильм был снят в павильоне с минимальным реквизитом и простым освещением, что делает его пластические решения максимально про- стыми и вызывает впечатление однородности стиля. Но различие стилей между тремя частями состоит не в выразительности изображения, а в звукозрительном построении и ритмической композиции. Здесь сконцентрируем внимание на стилевой дифференциациии по частям (Тем более, что история этого комедийного фильма никакого серъезного анализа не требует и не имеет отношения к нашей исследовательской задаче). Несмотря на короткое время проекции фильма(59 минут), каждая его часть продолжается достаточно долго (1-я часть — 22 минуты 28 секунд, 2-я — 22 минуты 50 секунд, 3-я — 13 минут 45 секунд), что позволяет легче обнаружить стилевые дифференцирующие черты.

В первой части фильма наблюдается повторение или вариации одной и той же фразы песни (женского хора) или оркестровой музыки, одного и того же движения камеры (панорама справа налево, показывающая Эномото и семь самураев в костюмах буддийских монахов). А ритм вообще медленный, и монтаж повествовательный. В этой части музыка (включая хор) используется 7 раз, три из которых сосредоточены в конце части и содержат повторы одной и той же оркестровой фразы. Здесь повторы наблюдаются не только в использовании музыки и движении камеры, но и в комических ситуациях, главный акцент в которых — на актерской игре (выражение, жест и речь) Эномото. Но это лучше назвать вариациями, так как в отличие от музыкальной фразы, ситуация и игра актера каждый раз меняется по логике развития действия. Повтор и вариации как основные композиционные приемы по сути не музыкальны, так как они просто усиливают впечатление комического, вызываемое актерской игрой, которая в свою очередь подчиняется логическому построению фильма. И сама музыка используется скорее как своего рода знак, обозначающий поворотные пункты в сюжете (начало истории, переодевание хозяина самураев для обмана врагов, конец первой части), чем как выражение или подчеркивание драматического напряжения. Значит, первая часть фильма построена целиком логически и в ней доминирует самый логический элемент в семантической системе фильма — слово. Логическое построение здесь служит не столько созданию смешного, сколько объяснению общей ситуации, в которой герои находятся. В этом смысле первая часть по функции аналогична с первой частью пьесы театра Но "Дзё (введение)", где через разговор персонажей объясняется зрителям положение вещей.

Во второй части фильма герои ведут напряженный разговор с враждебными самураями, служащими на заставе и в конце концов им удается выйти из нее как 6 буддийским монахам и двум носильщикам их груза (мы здесь рассказываем ситуацию очень упрощенно). Естественно, тут слово играет решающую роль в развитии сюжета. Но в то же время оно иногда теряет ясную логичность. Это положение возникает три раза: во время прочтения одним из героев несуществующего документа, свидетельствующего о буддийской миссии героев (на бумаге на самом деле ничего не написано). Следующие за этим расспросы со стороны враждебного самурая и ответы на них со стороны героя. И наконец, мужской хор в стиле фуги, звучащий во время выхода героев из заставы. Во всех случаях слово произносится в необычно стилизованном ключе. Текст несуществующего документа имеет стиль древнеяпонского языка со сложными буддийскими терминами. К тому же он произносится актером Дэндзиро Окоти неотчетливо, отчего возникает сильный эффект остранения текста и неясность его смысла. Расспросы и ответы тоже содержат буддийские термины, незнакомые современным зрителям. Вопрос и ответ на него всегда быстро чере-дуются, и к концу этого эпизода речь актеров еще больше ускоряется, почти до непонятного крика. В третьем случае с нарастанием фуги повторяющийся текст песни становится фрагментарным и воспринимается как бессмысленные звуки. Эти три эпизода, нарушая обычную функцию языка, функцию сообщения, тем не менее создают драматическое напряжение.

Вместе с ослаблением знаковости слова, во второй части фильма наблюдается использование декорации и реквизита как знаков. В отличие от первой части, вторая целиком была снята в павильоне, к тому же только белый широкий занавес обозначает заставу. Здесь реквизит функционирует только в определенном пункте сюжета как необходимый инструмент для его развития. Крупным планом показывается только один предмет —шлем молодого генерала, хозяина самураев. Киноизображение здесь не подчеркивает материальной реальности вещей, а наоборот, через лаконично компонованные кадры и ритмику монтажа в значительной мере абстрагирует ее.

Во второй части музыка звучит чаще чем в первой , и она по стилю разнообразна : сольная музыка для *Но-кан* (флейта с высоким тембром, используемая в театре Но), музыка для *Но-кан* и *цуцуми* (барабан, используемый в театре Но), оркестровая музыка разных тем и темпов и мужской хор в стиле фуги. Музыка здесь не только усиливает разные настроения соответственно с развертыванием сюжета, но и создает своеобразную музыкальную палитру, не имеющую аналогии с музыкой в тогдашнем игровом кино, включая и японское. Музыка здесь не становится "незаметным" сопровождением драмы, каким бывает она в голливудском кино, и не претендует играть ведущую роль в смыслообразовании объяснением того, что изображение скупо показывает, а выступает как равноправный со словом и декорацией составной элемент экранного образа.

Таким образом, во второй части фильма наблюдается процесс, аналогичный с процессом уравнивния смыслообразующей функции составных элементов в театре Но (см. второй раздел первой главы данной работы). В фильме Куросавы данный процесс становится заметнее к концу этой части, что с точки зрения композиции приближает ее к второй части пьесы театра Но "Ха (развертывание)".

Наконец, в третьей части фильма в процесс уравнивания входит и актерская игра. Главные герои (подданный генерала Бэнкэй, сыгранный Окоти и носильщик груза, сыгранный Эномото) начинают танцевать после выпивки *сакэ*, принесенного слугами начальника заставы, сознательно освободившего их. Хотя танец Бэнкэя был мотивирован сюжетом первоисточников фильма, Куросава не буквально следовал за ним. Он добавил эпизод танца носильщика после принесения сакэ, и обильным использованием музыки отделил вторую половину третьей части от первой (последняя содержит мужской хор и своей реалистичносью напоминает начальную часть фильма). Музыка в третьей части сосредоточена в ее второй половине и там выступает с наибольшей разнородностью стилей и жанров. С эпизода выпивки Бэнкэя да конца фильма она почти постоянно звучит,

161

заменяя стилевые признаки и инструменты. Она каждый момент напоминает определенный жанр театрального искусства или музыки (в том числе японской народной музыки и джаза), но никогда не останавливается в одном ключе. Танец носильщика и Бэнкэя и музыка здесь не имеют отношения к развитию сюжета, а завершают процесс уравнивания функций составных элементов фильма. В этом смысле финальная часть фильма в конце концов выполняет функцию, подобную третьей части пьесы театра Но "Кю (стремительное завершение)". Здесь и там в этой стадии слово, декорация и реквизит теряют конкретность и сливаются в постоянное движение актеров и музыки.

Так в фильме "Тора но о о фуму отокотати " Куросава создал уникальную звукозрительную структуру, которая может развиться в информационную полифонию. Наверное, режиссер сознательно принял конструктивный принцип театра Но "дзё‑ха‑кю", поскольку он во время войны познакомился с этим театральным искусством и начал жадно заниматься им(17). В этом фильме, однако, принцип "дзё‑ха‑кю" воплотился не полностью, отчасти из‑за характера сюжета (все события происходят в реальности) и жанра (комедийный жанр не позволяет откровенной дестабилизации диегезиса, вызывающей у зрителей чувство тревоги), отчасти из-за трудных условий производства. Полное воплощение принципа "дзё-ха-кю" в творчестве Куросавы можно наблюдать в фильме "Тень воина", к анализу которого мы обратимся позднее.

Полифоничность в нарративном кино после 1960-х гг.

С конца 1950-х гг. нарративное кино переживало вторую общую структурную перестройку, по радикальности и всемирному влиянию сравнимую только с появлением новой (реалистической) нарративной доминанты в начале 1930-х гг. Эта структурная перестройка стала очевидным художественным явлением с появления таких фильмов, как "На последнем дыхании" Ж-Л.Годара и "Ночь и туман в Японии" Н. Осимы (оба в 1960-м году) и в течение 60-х гг. продолжала влиять на коммерческое кино, хотя влияние это далеко не всегда было заметным. И в конце 60-х гг. вместе с упадком киноиндустрии, совершившийся процесс преображения нарративного кино оказался бесспорным фактом в истории кино. Мы говорили об этом процессе как о "структурной" перестройке потому, что для нашего исследования ни социальный или политический фон этого явления, ни технологические и экономические факторы, способствовавшие этому процессу, не имеют большой значимости.

Если суммировать сущность того, что возникло в мировом нарративном кино с точек зрения семиотики и нарратологии, то можно сказать, что нарративное кино этого времени заново приобрело осязаемые знаковость и нарративность, которые были в значительной мере заслонены прозрачным стандартизированным стилем. Реалистическая киноэстетика была скомпрометирована действительным кинопроцессом, так как в 60-е гг. на 70-тимиллиметровом кинопленке запечатлялась не современная действительность, а откровенно чуждой ей фиктивный мир (например, безграничная пустыня в фильме "Аравийский Лоуренс"(1962) Д. Лина и таинственная глубина космоса в фильме"2001: космическая Одессия"(1968) С. Кубрика). Сюжет фильма был постороен или в виде жанрового кино; приключенческий сериал о Джеймсе Бонде, ностальгический и шокирующий "вестерн" Д.Л. Хилла и С. Пекинпа("Буч Кэссиди и Санденс Кид" и "Дикая банда", оба в 1969 -м г.), или как радикальная критика классического нарративного кино (к этому относятся почти все фильмы Годара, Рене, Феллини, Пазолини и Осимы в 1960-е гг.). Фиктивность диегезиса и обнаженная структура нарративного дискурса в кино не только осознавались зрителем, но и активно использовались авторами как не менее эффективные средства сообщения художественной информации, чем собственно история, актерская игра и речь. Это структурное изменение нарративного кино вызывает микро-дифференциации, нужные для осуществления нарративной и информационной полифонии. Обнажение нарративности позволяет, как мы видели в анализе фильмов Киноситы, выразить равноправное сосуществование личных дискурсов в рамках нарративного дискурса. А подчеркивание фиктивности диегезиса уже не далеко от его разложения на составляющие элементы и уравнения значимости их семантических функций. Финальные безмолвные сцены фильма "2001:..." или подчеркнутая знаковость диегезиса и нарративного дискурса фильма "Уик-энд" (1967) Годара — два крайних тому примера.

Таким образом, в 60-е гг. эволюция нарративного кино в полной мере подготовила целый набор приемов, синтезируемых в нарративную или информационную полифонию, как мы сформулировали их в первой главе. Однако новые выразительные средства и приемы не обеспечивают всеобщей эволюции нарративного кино. Они могут синтезироваться только в творческом акте самых выдающихся авторов, да и те не всегда успевают в этом. Именно поэтому для поэтики современного киноискусстова важно обратить внимание не на общую тенденцию, а на конкретные произведения, наиболее последовательно пред-ставляющие подобный синтез. В следующем разделе мы проведем подробный анализ нескольких фильмов, в которых обнаруживается не только один из трех типов полифоничности, но и своеобразное их сочетание.

Примечания

1.Э.Браниган проводит подробный анализ субъективности в нарративном кино в связи с проблемой "точки зрения". По его мнению, можно полагать, что субъективность является специальной ступенью или уровнем наррации, где повествование *принадлежит* персонажу в истории и воспринимается нами *как будто* мы находимся в ситуации данного персонажа. Исследователь при этом исключает такие "гибридные "случаи, в которых персонаж одновременно обрамляет историю, например, закадровым голосом как введение в историю.(Branigan E. Point of view in the Cinema — A Theory of Narration and Subjectivity in Classical Film, Berlin. New-York, Amusterdam,1984, p.73). Мы не принимаем подобного огранич*ения, та*к как закадровый рассказчик часто придает всей истории осязаемую субъективность (вспомним , например,"Как зелена была мая долина" Д. Форда, "Зеркало" А. Тарковского).

2. Эйзенштейн С.М. Избранные произведения в 6-ти томах ,т. 3, с. 475.

3. См.: .Лотман Ю. и Цивьян Ю., Диалог с экраном. Таллинн,1994, с. 133-141.

4. Эйзенштейн С., Избранные произведения в 6-и томах, т.2, с.56 (Автор данной книги впервые познакомился с упоминанием Эйзенштейном о возможности «полифонии» через японский перевода его статьи. В диссертации,зашищенной в 1998 году был указан тот перевод)

5.По данным, представленным Barry Salt, в 20-е гг. скорость съемки и скорость проекции фильмов постепенно повышались в основном из-за желания американских прокатчиков крутить фильмы быстрее и участить сеансы одного дня. В 1926 -му году в Америке средняя скорость кинопроекции уже достигла 24 кадров в секунду, а скорость съемки—примерно 21-22 кадра в секунду. В Европе этот процесс не был таким резким. В 1929-му году во Франции средняя скорость проекции находилась еще около 21 кадра в секунду, и т.п. См.: Salt B. Film Style and Technology: History and Analysis, 1983, London, p.203-204.

6. Пудовкин В. Собрание сочинений в 3-х томах, т. 1, М., 1974, с.87-89

7. См.: Тадао Сато. Нихон эигаси (История японского кино, в 4-х томах), т. 1 (1896-1940), Токио, 1994, с.167- 325.

8.Тадао С. Нихон эигаси , т. 2(1941-1959), Токио, 1995, с.94-95.

9.Данные по прокатной видеокасетте кинокомпании Сётику. В числе кадров и во время проекции не включены четыре титра, появляющиеся перед обеими частями фильма и коротко сообщающие пропагандистскую цель фильма и его участие в государственном плане. Мы исключили их потому что и в тематическом и в формальном смысле они никакого отношения не имеют к собственно произведению.

10. См. : Salt B. Op. cit., p.285, 291,307.

11. В 20-е гг. субъективность "точки зрения", с которой показывается событие фильма, была мотивирована не только его нарративной структурой, нои определеными художественными направлениями(например,немецкий экспрессионизм, сюрреализм, советская монтажная школа), и в результате любая субъективность была во многом обусловлена интертекстуальными отношениями, создаваемыми данным фильмом и самыми разными текстами вне его. Тогда выражение субъективного видения либо воспринималось как прием для открытия новой киноэстетики, либо просто не воспринималось как

таковое из-за обособленности того или иного конструктивного ринципа фильма и известной слитности субъективного и объективного выражения. Поэтому в этот период выражение сосуществования разных субъективных точек зрения в виде разных дискурсов было практически невозможно. К концу 30-х гг. в мировом кино происходила своего рода стандартизация стиля нарративного кино, хотя в Японии обнаруживалось и обратное движение к его индивидуализации.

12. О различии между "внутренней" и "внешней" фокализацией см.: Genette G. Nouveau discours du recit. Paris,1983. (Японский перевод, Токио, 1985, с. 78-79.).

По Женетту, термин "фокализация" означает ограничение "поля зрения", т.е. авторский выбор информации в нарративном дискурсе. В случае "внутренней" фокализации, фокус совпадает с определенным персонажем и он станет "субъектом" всяких восприятий диегезиса. Тогда нарративный дискурс может сообщить нам все, что этот персонаж воспринимает и мыслит. А в случае "внешней" фокализации фокус поствлен на одной точке в диегезисе, но не на персонаже, поэтому никакой информации о мысли персонажей не передается. В фильме Киноситы, отсутствие закадровых голосов персонажей и субъективных кадров укрепляет "внешность" фокализации. (Даже сцены воспоминаний вводятся намеками в бытовых разговорах или просто прямым монтажным переходом).

13. Экспериментальный характер экранизации Куросавы был отмечен американской исследовательницей японского кино Ауди Бок. См.: Bock Audie. Japanese Film Directors, Tokyo, New-York & San Francisco, 1978, pp.170-172.

14. Куросава А. Гама но абура—дзидэн но ёна моно, 1990,Токио, с. 260-262.

15. Там же, с.264-265.

Куросава сказал чиновнику, занимавшемуся цензурой кино и после войны обвинявшему его фильм в том,что он является ухудшенным вариантом пьесы кабуки "Кандзинчё", что сам "Кандзинчё" является ухудшенным вариантом пьесы Но "Атака". На самом деле, "Кандзинчё" считается эпохальным произведением, которое, базируясь на первоисточнике театра Но, соединило элементы, характерные для постановки кабуки, и элегантную форму театра Но (см.: Сигэтоси Каватакэ. Кабуки мэй-бутай, Токио, 1966, с. 24.).

16. Интервю с Юитиро Нисимура, проведенное в 6 июля 1974 г.

— в кн.Юитиро Н. Куросава Акира — ото то эйзо (Акира Куросава — звук и изображение), Токио, 1990, с. 28-29.

17. Куросава. Гама но абура, с.272- 273.

2. Комплексная полифония в современном нарративном кино

Полиритмия и нарративная полифония в фильмах А. Рене

Исследователи и критики часто пишут о творчестве А. Рене с точки зрения темы его фильмов. Действительно, такие темы как время, память, сила и значимость воспоминания и воображения через своеобразную интерпретацию автора представляют для нас неизменный интерес. Но здесь нас интересует прежде всего формальное своеобразие его фильмов, одновременно представляющее структурные черты разных типов полифоничности. Ниже мы проанализируем три его фильма , "Хиросима, любовь мая"(1958), "В последнем году в Мариенбаде" (1960) и "Мюриэль, или Время возвращения "(1963) .

Несмотря на многие стилистические различия, эти фильмы имеют структурное сходство, если рассматривать их с нарратологической точки зрения. Во-первых, в этих фильмах диегезис распадается на фрагментарные куски крошечным звукозрительным монтажом. Во-вторых, подобный звукозрительный монтаж в общем связан с изменяющимся состоянием сознания рассказчика= персонажа, и поэтому он, в отличие от ассоциативного монтажа авангардистских фильмов 1920-х гг, включается в *нарративный дискурс* фильма (В "Мариенбаде" существуют исключения, но это объясняется тем, что в этом фильме сам диегезис имеет крайне ирреальный, абстрактный характер, и его ирреальность выражается отчасти звукозрительным монтажом, например, в сцене вдруг застывающих и оживающих гостей после спектакля). И в третьих, в этих фильмах наблюдается необычайно широкий диапазон модальности (прошлое, настоящее, реальность, воспоминание и воображение) и фокализации (нулевая, внешняя и внутренняя фокализация(1)), или художественный эффект, вызывающий иллюзию их широкого диапазона . И наконец в этих фильмах ритм наррации(2) часто изменяется вместе с изменением длительности кадров, в результате чего подчеркивается сосуществование разных ритмов. Эти особенности нарративной структуры фильмов Рене позволяют в них сосуществовать двум типам полифоничности — музыкальной и нарративной. Однако надо признать, что они не в одинаковом степени осуществлялись, и степень реализации каждой из них различается в этих трех фильмах.

Становление нарративной полифонии в творчестве А.Рене

В фильме "Хиросима" нарративный дискурс состоит из разнородных фрагментов, имеющих разные степени фокализации и разные модальности. Закадровые голоса двух основных персонажей и звукозрительный монтаж часто придают фрагментарным изображениям определенные модальности и субъективность. Сами предметы в каждом фрагменте представлены с одинаковой объективностью (т.е. не с "искусственным" освещением или заметной стилизацией в движении и пластике). Поэтому зритель воспринимает причинно-следственную связь представляемых событий и принадлежность каждого изображения (под-разумеваемому автору, герою или героине) только через подобные приемы, которые по сути поддерживают нарративный дискурс данного фильма.

Разнообразие изобразительных материалов (хроникальные материалы о последствиях взрыва атомной бомбы над Хиросимой, полудокументальные материалы, снятые во время съемки фильма Рене, собственно игровые материалы) и модальности (воспоминания=рассказ героини, ее сомнамбулическое погружение в свое прошлое и реальность) сделало нарративный дискурс этого фильма многослойным.

Однако этот многослойный нарративный дискурс содержит меньшее количество личных дискурсов, чем нарративный дискурс "Нихон но хигэки" Киноситы, потому что разнородные изобразительные материалы в фильме "Хиросима" в конце концов сводятся или к субъективному видению героини, или к дискурсу автора. Рене не представил внутреннее видение японского архитектора, а просто наложил его голос на разные изображения, когда он за кадром разговаривает с французской актрисой. Сначала зрителю непонятно, кто из этих двух невидимых собеседников имеет отношение к хроникальным изображениям Хиросимы. Но содержание их разговора подсказывает, что эти изображения означают воспоминания недавно увиденных героиней хроники и экспонатов музея в Хиросиме. После этой первой сцены везде изменение модальности возникает от душевного волнения героини. Японский архитектор для зрителя остается объектом наблюдения. Он не станет *субъектом* формирования диегезиса, каким является героиня. Поэтому их личные дискурсы в сущности не равноправны.

Однако в фильме есть цена, в которой дискурс героя как бы превосходит дискурс героини. Это сцена ночного вокзала, когда героиня погружена в свое раздумье, рядом с ней сидит герой и разговаривает со старухой пояпонски. Диалог на японском языке героиня не понимает, наверное, она даже не слушает его, но этот диалог показывает, что герой не является ни ее абстрактным собеседником, ни случайным ее любовником в иностранном городе, а живым человеком, способным общаться с окружающим миром и влиять на него. Содержание диалога на самом деле банально: старуха спрашивает, откуда героиня приехала. Герой лаконично, но с принятой учтивостью к старым людям отвечает на ее вопрос. Этот диалог звучит для японского зрителя вполне естественно, и ситуация здесь тоже не вызывает ощущения искусственности. Герой, всегда говорящий на прикрасном французском языке, впервые выступает обычным японцем.

Таким образом, несмотря на многослойность нарративного дискурса, в "Хиросиме" подлинное равноправие разных дискурсов осуществляется только мгновенно. А монологический дискурс героини развертывается через разные модальности и разные изобразительные материалы и тем самым обогащает дискурс самого фильма. Эту ситуацию можно сравнить, наверное, с внутренней диалогизацией сознания героя в ранней прозе Достоевского, например, в "Бедных людях", "Записках из подполья" и т.д. Здесь и там самосознание одного персонажа выражается всевозможными выразительными средствами, при этом не превращая диегезис в условный, стилизованный мир. Попытка Рене выразить внутренний мир человека с его противоречием в рамках нарративного кино проводилась и в его следующем фильме "В прошлом году в Мариенбаде", хотя и в более условном виде.

В "Мариенбаде" закадровый рассказ героя "Х" контролирует весь ход нарративного дискурса и общую композицию фильма. Его красноречивое повествование в форме воспоминаний везде комментирует показываемые в кадрах предметы или ситуации, мотивирует смену сцен. Но его слова не всегда совпадают с содержанием изображений, или, точнее, между его словами и изображением не всегда возникает логически последовательная связь. Например, многократно повторяющаяся смена цвета одежды загадочной женщины "А" не мотивируется его словами, а осуществляется монтажом кадров по чисто пластическим сходствам (позы и жесты актрисы). Примеры такого рода необъяснимых изобразительных и звукозрительных фигур столь легко обнаруживаются в этом фильме, что перечислять их, наверное, не нужно. Так как содержание закадрового монолога героя и повторение или вариации одних и тех же фраз говорят зрителю о степени ирреальности истории, необъяснимые фигуры воспринимаются как отражения или выражения ирреальности самого диегесиса, вспоминаемого героем. Отсюда возникает интерпретация истории фильма как длинного внутреннего монолога Х(3). Да, мы можем принять такую интерпретацию, если целиком отдадимся указаниям в словесном тексте фильма, написанном А. Роб=Грийе. Вообще этот текст представляет нам весьма ограниченную информацию о персонажах и ситуациях, в которых они находятся, что станет очевидным, если сравнить его с текстом в "Хиросиме". Даже Х, по внешности самый живой человек среди многочисленных гостей или хозяев, не обретает никакой индивидуальности из произносимого им текста. (Вспомним, что в послевоенном нарративном кино живая речь актеров приобрела большое значение для характеристики персонажей(4). Зритель может знать Х только как рассказчика всей этой загадочной истории, но не может узнать его личность. Он остается абстрактным человеком и форма внутреннего монолога оказывается всего лишь поводом для раскрытия новых выразительных средств.

Однако в рамках внутреннего монолога "Мариенбад" содержит те новые приемы, которые могут использоваться для осуществления нарративной полифонии. Например, раздробление визуального ряда на короткие кадры, возникающие во время непрерывного рассказывания закадрового героя. Или использование похожих друг на друга композиций или движения камеры как параметры авторского дискурса или дискурса самого фильма. В данном случае для большинства зрителей эти приемы не имеют особого значения. Но если они используются в фильме более реалистического стиля, они могут выступить как подчеркнутый авторский дискус.

Замысел "Мариенбада" был предложен Роб=Грийе, и Рене не участвовал в написании сценария, в котором писатель указывал даже раскадровки и движение камеры. Режиссер во время постановки не смог изменить завершенный мир этого сценария(5). Но Рене уже с момента съемки "Хиросимы" имел подобный замысел фильма, в котором вся история оказывается вымыслом психически болезненного персонажа(6). А Роб=Грийе до встречи с режиссером смотрел его фильм (наверное, "Хиросима") и высоко оценил его кинематографический стиль, одновременно напоминающий статую и оперу, и попытку конструировать чисто духовное пространство и время(7). Хотя Рене после "Мариенбада" избегал тотальной субъективизации диегезиса фильма и принимал форму внутреннего монолога только с ироническим оттенком ("Провидение"(1977)), сама эта линия в нарративном кино открыла новую перспективу в такимх произведениях как "8 1/2"(1963) Ф.Феллини и "Зеркало"(1974) А.Тарковского. Эти фильмы показали, что кинематографическое выражение внутреннего монолога может осуществляться в более реалистическом стиле, чем в стиле "Мариенбада", и даже включать в себя чужие дискурсы.

Сам Рене в следующей своей картине "Мюриэль" стремился создать крайне объективный диегезис. Место действия конкретно отмечено (Булонь-сур-Мер) и в характеристике персонажей и в сюжетостроении учтитывались вторая мировая война и Алжирская война. Стремление режиссера к охвату современной действительности во Франции проявилось и в его активном участии в сценарии. Хотя он сам не писал его, для этого фильма он требовал от сценариста, писателя Ж. Кайрола написать подробные биографии всех персонажей(8). И не только формы внутреннего монолога, но и сцены воспоминаний уже не существует в этом фильме. Субъективное видение персонажей появляется только как "субъективные" кадры (Point-of-view shots).

В отличие от безымянных персонажей в предыдущих двух фильмах Рене, персонажи "Мюриэль" связаны друг с другом биографически, и определенными социальными отношениями. Сложное взаимо-отношение этих двух моментов создает сильное драматургическое напряжение. Елена, единственный персонаж, сохраняющий мечтательность героев предыдущих картин, оказывается жертвой своей памяти о прекрасном прошлом. Альфонс сначала выступает перед нею как живая реликвия ее прекрасной любви в молодости, но сразу сталкивается с ее неродным сыном Бернардом из-за различия их отношения к Алжирской войне, основанных не столько на определенных идеологиях, сколько на личном их опыте как бывших солдат. Бернард сталкивается и с Робертом, который служил с ним в Алжире и убил Мюриэль, память о которой мучит Бернарда. Молодая любовница Альфонса Франсуаз, подруга Бернарда Малидо, приятель Елены де Смок, который любит ее, не вызывают подобного сильного напряжения, но их отношения с другими персонажами готовят катастрофический взрыв эмоций главных героев в финале. Эрнест появляется лишь к финалу и разо-блачает обман Альфонса в его отношении к Елене, говоря , что ее любил во время войны не Альфонс, а он. Центральные персонажи (Елена, Альфонс, Бернард и Эрнест) много говорят о своем и чужом прошлом или собирают предметные реликвии прошлого, но делают это не для того, чтобы найти свою идентичность, а для того, чтобы передать кажущееся им устойчивым прошлое *другим* людям и утверждать его истинность через общение с ними. В этом смысле их поиски утраченного времени не личные, а глубоко *диалогичны*. Поворот в сюжете возникает в основном от того, что среди них Альфонс оказывается невероятным обманщиком и что отчаяние Бернарда ведет его к отказу от решения моральной проблемы разумным путем. Елена, из-за недостатка духовных сил для объективизации своего прошлого, всегда зависит от чужих слов о себе. Трагический тон финала заключается в том, что попытки и усилия героев для объективизации и сообщения личного прошлого только обнаруживают их отчужденность и неустойчивость их жизни.

Как уже было сказано, нарративный дискурс фильма "Мюриэль" не содержит изменения модальности через видение или рассказ персонажа. Здесь, в отличие от двух предыдущих фильмов Рене, нарративый дискурс всегда представляет зрителю "настоящую" реальность. Однако иногда бывают моменты, когда он вызывает впечатление изменения модальности. Например, когда Бернард показывает старику восьмимиллиметровый хроникальный фильм снятый им в Алжире, то сначала весь экран заполнен изображением данной хроники и его закадровый голос рассказывает о пытке и смерти Мюриэль. Сочетание непрофессионально снятого изображения и монологического рассказывания Бернарда воспринимается сначала как неожиданное нарушение реалистического стиля фильма и может интерпретироваться зрителем как переход от реальности к воспоминанию персонажа. Но когда это хроникальное изображение кончается и в следующем кадре появляется сам Бернард в своей студии, становится ясным, что и в этом эпизоде ни разу не изменилась модальность. Впечатление изменения модальности вызывается и тогда, когда фотографии пейзажей или короткие кадры городского вида чередуются под пение Риты Стрейх.

Нарративный дискурс "Мюриэль" составлен не из личных нарративных дискурсов персонажей. Наоборот, он кажется однородным, причем ярко представляющим уникальность авторского стиля. Но этот нарративный дискурс часто обманывает зрителя неожиданным переходом сцен, изменением ритмов повествования, вызывая тем самым впечатление, будто модальность постоянно изменяется. Звукозрительный монтаж усиливает подобный эффект, поскольку изобразительный ряд, оставляя звуковой ряд с диалогом персонажей, часто переключается на другое пространство, где речь физически не слышна ("другое пространство" иногда оказывается близким к месту, где продолжается диалог, например, около выхода из кафе, в котором персонажи разговаривают). Таким образом, дискурс этого фильма обманчив, хотя он свой обман сам сразу разоблачает. Наиболее важным для нас последствием такого нарративного и монтажного строения является фрагментарность диегезиса. Он, конечно, отается современным реальным миром, крайне объективным, но представлен на экране совсем иным, чем мы его восприняли бы в повседневной ситуации. Фрагментарность диегезиса фильма "Мюриэль" на самом деле тесно связана с художественной задачей, которую автор перед собой. Рене в одном интервью говорит о своем подходе к персонажам этого фильма. Он хотел изобразить их с определенной дистанцией от зрителя, чтобы тот мог бы объективно оценить их поведение. Цитируем его слова из тогдашнего интервью. "Это будет история о всех. (...)Заставить публику остановиться на тех же проблемах, что и у меня. В вестерне люди цепляются за героя, идентифицируются с ним. Но я предпочитаю, чтобы они были отдалены, его критиковали. Чтобы они сказали : "Ах! нет! Эта девушка дура, я не согласен"(9). В другом интервью режиссер говорит о равноправии всех персонажей: "Нет, название фильма не предполагает, что Мюриэль, т.е. история Бернарда является подлинным центром фильма. Для нас все персонажи фильма являются "центральными", и было бы идеально, если бы они показались равно интересными"(10). Сценарист Кайрол готовил для восьми основных персонажей (Елена, Бернард, Альфонс, Франсуаз, де Смок, Роберт, Малидо и Эрнест) многие фрагментарные сцены, где иногда их взаимоотношения выражаются только короткими репликами и простыми жестами. Если иметь в виду, что сюжет построен в хронологическом порядке и развертывается в одном городе, такие сцены на первый взгляд покажутся отступлениями от основной сюжетной линии. Но эти сцены позволяли режиссеру представить всех персонажей с видимой индивидуальностью, а не только с их функцией в сюжетостроении. Действительно, Рене поставил эти сцены с изобильным использованием крупных планов, придающих персонажам сильную выразительность. Фрагментация пространства диегезиса в значительной мере объясняется таким композиционным принципом фильма, стремящегося показать многих персонажей на равных правах.

Самое значимое открытие в картине "Мюриэль", на наш взгляд ,состоит не столько в равноправном изображении многих персонажей, а в уникальном нарративном дискурсе фильма, который, сохраняя принципиальную объективность в представлении этих персонажей, иногда позволяет им передать свое субъективное видение через субъективные планы, приоткрывает тему через монтаж и песнь Риты Стрейх. Этот дискурс обнаруживает свою мировоззренческую позицию там, где он отступает от наррации и выступает просто как кинематографический дискурс. Речь идет об особенном использовании музыки в этом фильме.

По сравнению с предшествующими фильмами Рене, в "Мюриэль" музыка звучит более фрагментарно (Иногда один фрагмент состоит всего лишь из нескольких аккордовых звуков и почти незаметен). Музыка, сочиненная Гансом Вернером Ханцем не в классическом стиле, создает, как режиссер намеревался, определенную психологическую дистанцию между экранным образом и зрителем и тем самым она, "не прерывая его эмоцию," может "вызвать в нем состояние тревоги, волнения, позволяющее пробуждать личную рефлексию"(11).

Но художественный эффект этой музыки не интенсивный. Она вызывает тревожное настроение, но значительного культурного кода не содержит. Другое дело песня Риты Стрейх. Слова этой песни написаны сценаристом Кейролом по заказу режиссера. Эти слова должны были "каким-то поэтическим способом напоминать темы фильма, особенно темы памяти, забвения и воспоминания"(12). Песня Риты в фильме 6 раз фрагментарно звучит с разными текстами. В тематическом и эмоциональном плане они соответствуют развертыванию сюжета. Сначала, когда Елена идет на станцию для встречи с Альфонсом, песня упоминает "страх любви" и "тень слов". Затем, после их встречи и сюжет начинает развиваться вокруг темы памяти, в нее включается мотив "дерево памяти". А в финальной сцене, когда Симон -- жена Альфонса и сестра Эрнеста -- входит в пустую квартиру Елены, текст песни говорит о заблуждениях в жизни, которая сравнивается со сном. Эти поэтические тексты, напетые высоким прекрасным голосом, смонтированы, исключая финальную сцену, с фрагментарными изображениями городского вида или повседневной жизни персонажей. Песня своим сильным эмоциональным воздействием элегической мелодии и метафорической многозначностью текста семантически более значительна, чем эти изображения. Эпизоды с нею сильно отличаются от других сцен, поскольку семантические отношения в последних характеризуются подчинением звукового ряда изобразительному. Введением песни дискурс фильма заявляет свою свободу от наррации и задачи, утверждает равноправную с дискурсами персонажей значимость в смыслообразующей структуре фильма.

Так, в трех фильмах Рене можно наблюдать становление полифонической структуры в бахтинском смысле. Этот процесс начался с обогащения выразительных средств в форме ретроспекции персонажа("Хиросима"), через тотальную монологизацию диегезиса и эксперименты в звукозрительном монтаже("Мариенбад"), и завершился равноправным и объективным представлением личных дискурсов персонажей и дискурса автора ("Мюриэль"). Но рядом с этим процессом, в творчестве Рене можно наблюдать формирование другого типа полифонической структуры, т.е. полиритмии на уровне дискурса фильма.

Полиритмия в фильмах Рене

А. Рене часто использовал музыку как конструктивный элемент экранного образа, а не как эмоциональное сопровождение к драматическому событию. Сам режиссер говорил об этом в нескольких интервью. В 1956-м году он сказал о роли музыки в его короткометражном документальном фильме "Ночь и туман" (1955): "Это (музыка — С.Н.) почти важнейшее в этом жанре кино.Это должно быть точной музыкой, чтобы художественный фильм был реализован движением киноаппарата или монтажом неподвижных планов. Она дает фильму ритм и даже больше. В "Ночи и тумане" чем более жестоко изображение, тем легче музыка"(13). Здесь роль музыки понимается в двух планах, т.е. как конструктивный элемент, решающий ритмику дискурса фильма, и как равноправный с изображением смысловой элемент. Музыка, по словам режиссера, даже представляла конструктивный принцип в следующем короткометражном фильме. Он сказал о "музыкальной конструкции" фильма "Вся память мира"(1956): "Часто в раскадровке я отправляюсь от одного изображения, вокруг которого развивается движение других изображений, которые должны быть связаны с первым, точно так же как и элементы в музыкальной композиции"(14). В этих словах Рене выражается его понимание кадра как ритмической единицы фильма, которая соединением с музыкой приобретает и другие значения.

Однако в первых полнометражных игровых картинах Рене ритмические элементы изображения (движение камеры и соотношение кадров) сначала не вошли в темпоритмическую структуру кино. В "Хиросиме" доминирует скорее ритм, передающий психологическое состояние героини, мечтательно колеблющейся между прошлым и настоящим. Музыка Д. Фуско и Ж. Дельрю изменяет темп, но резкого перехода с одного темпа к другому не происходит в ней. И ритм изображения в общем подчиняется ритму событий, а не ритмическим элементам изображения. Сам Рене говорит в интервью, что в этом фильме можно наблюдать подобие квартета, если проанализировать "Хиросиму" диаграммой на миллиметровке(15). Но это сравнение не выходит за рамки литературной метафоры, поскольку Рене здесь не упоминает о музыкальных элементах киноизображения, выше цитированных нами.

В фильме "Мариенбад" существует более широкий диапазон темпов и ритмов, и иногда наблюдается резкий контраст ритмов. Это связано с тем, что здесь повторяющиеся фрагментарные образы имеют интенсивную смысловую и эмоциональную нагрузку, не мотивированную сюжетом. Например, короткий кадр с рядом стреляющих из пистолета людей вдруг возникает между сценами медленного ритма. Или ослепительно короткие кадры светлой комнаты А, означающие возможное прошлое, прерывают нормальное течение времени в настоящем. И различие темпов и ритмов изображений можно измерить, наверное, по стабильному темпоритму движения камеры, когда она показывает детали гостиницы или вид пустого элегантного сада. Повторение одного и того же движения камеры усиливает ощущение разноритмии в целом фильме.

В фильме "Мюриэль" Рене использовал именно этот прием повторения, но не таким прямым путем, как в "Мариенбаде". С первой сцены фильма он поражает нас необычной раздробленностью изобразительного ряда. Чередуются короткие кадры, изображающие головы женщин, кипящий чайник, деталь двери, и т.д., не создавая сразу временной и пространственной связи. Только разговор женщин подсказывает, что названные объекты находятся в одной квартире или совсем рядом друг с другом. С этим торопливым ритмом сопоставлен медленный ритм следующих игровых сцен. А монтаж коротких кадров повторяется каждый раз с другим содержанием и с другой крупностью объектов, обычно как отступление от основной сюжетной линии. Контраст двух основных ритмов усложняется и повторением лирической песни, и вставкой фрагментарных игровых сцен. Разноритмия фильма самым ярким образом проявляется в финале, где торопливый ритм вдруг нарушает обычный ход жизни (когда Эрнест разоблачает обман Альфонса, короткие кадры здания под ритмическую музыку "вступают" в изобразительный ряд) и замедленный ритм после катастрофы опять прерывается ускоренным темпом и напряжением песни Риты (когда в пустую квартиру Елены входит Симоне).

В "Мюриэль" ритмы драматических событий и ритмы, создаваемые звукозрительным монтажом, не обязательно совпадают, и только в конце фильма они в полном согласии. Как уже было сказано, звукозрительный монтаж этого фильма, особенно когда он отступает от наррации, выступает как дискурс его самого, т.е. личный дискурс автора, выражающего свое отношение к событиям. По мнению Рене, современная жизнь фрагментарна и человек в один день занимается разными видами деятельности, а классическое кино не может передать ритм этой жизни(16). Значит, ритмы, создаваемые звукозрительным монтажом в данном случае принадлежат авторской интерпретации современной действительности. Они, создавая с ритмами событий полиритмическую временную структуру дискурса фильма, одновременно включаются в авторский дискурс .

Примечания

1. "Нулевая фокализация", по Ж. Женетте, часто обнаруживается в классических романах, в которых "фокус" поставлен настолько далеко от персонажей, на телескопической точке, что он не совпадает ни с кем из персонажей. См. : Genette G. Nouveau discours du recit, Paris, 1983. (Японский перевод, Токио, 1985, с. 77.)

2. Ритм в нарративном искусстве определяется, в первую очередь, соотношением времени развертывания событий и физической длительности дискурса (количество страниц прозы или времени проекции фильма). И если это соотношение содержит резкие изменения в ходе развертывания сюжета, читатель или зритель воспринимает изменения темпов, и это ощущение разных темпов формирует восприятие разных ритмов в одном произведении.

3. См.: Ward J. Alain Resnais, or the Theme of Time, London, 1968, pp. 40-45.

4 . Л. Козлов подробно анализирует это изменение на примерах советского кино.

По его мнению, в 1950-е годы советское кино, "обращаясь к слову как элементу реальной действительности ", "перемещает центр внимание

194

на сложность и конкретность соотношений между словом человека и его делом, на анализ путей, ведущих от дела к слову". (Козлов Л. Изображение и образ, М., 1980, с.142-143). Как мы видели в фильмах Киноситы, подобное изменение отношения к слову наблюдается и в японском кино (лучшими примерами служат, наверное, фильмы Куросавы на современном материале со второй половины 1940-х гг. до конца 50-х гг.).

5. См.: Arms R. The cinema of Alain Resnais, London, 1968, pp.91-92.

6. Ibid., p. 89.

7.См.: Rob-Grillet, A. L' annee derniere à Marienbad, Paris, 1961, pp. 9-10.

8. Kyrol J. Dossier Muriel, Cinema 63, No 80, novembre, 1963 — в кн. : Cinema d' aujourd'hui vol. 5 Alain Resnais, per Bounoure G. Paris, 1967. P. 155.

9. Resnais A. Intervew par Claude Edelmain, Arts, 20 mars 1963.— там же, р. 84.

10. Resnais A. Dossier Muriel, Cinema 63, No 80, novembre, 1963.— там же, р. 87.

11. Там же, р.97.

12.Там же, р.86.

13. Entretien avec Premier Plan, 1956. — там же, р. 96.

14. Esprit, juin, 1960. — там же.

15. Entretien avec Bernard Giquel, Paris· Match.—там
же, pp. 81·82.

16. Intervew with Sylvain Roumette, in Clarte, No 33,
Feb. 1961(cited by Arms R.), Arms R. op.cit.p. 120.

Соединение нарративной и информационной полифонии в фильмах А.Тарковского

По нашему определению трех типов полифоничности, самое трудное для творческой практики соединение двух из них — наверное, соединение нарративной и информационной полифонии. Трудность здесь коренится в принципиальной разнице между обращениями автора с диегезисом, предполагаемым при реализации каждых из этих типов. Для того, чтобы нарративная полифония реализовалась в фильме, его диегезис должен быть неизменным фоном по отношению к разным дискурсам в нем и стабильным предметом для наблюдения автора как комментатора. Мы уже рассматривали подобное положение в фильмах Киноситы и Рене. А когда информационная полифония реализуется, диегезис теряет стабильность. Его дестабилизация возникает или вследствие неожиданного вмешательства авторского дискурса в него (как в фильмах Годара), или как постепенное преображение самого диегезиса. Во всяком случае, в современном нарративном кино информационная полифония вызывает дестабилизацию диегезиса, что нарушает равноправие дискурсов персонажей и дискурса автора и придает приоритет последнему. Только в уже исчезнувшем мюзикле информационная полифония реализовалась без преображения диегезиса, но зато он здесь был построен на основе театральных канонов, откровенно показывал общепринятую условность, не оставляя места для выражения авторского дискурса.

В этом контексте фильмы А. Тарковского, особенно две последние его картины, сделанные в России, представляют для нас большой интерес. В фильмах "Зеркало"(1975) и "Сталкер"(1980) ему удалось соединить нарративную и информационную полифонию.

Становление информационной полифонии в творчестве А. Тарковского

В творчестве А. Тараковского, особенно после фильма "Солярис" (1972), большое место занимает многослойное звукозрительное строение фильма. В "Солярисе" и последующих его фильмах, кроме заметного усложнения изобразительного ряда (длинный план со сложным движением камеры и актеров, монтаж разнородных материалов, меняющееся в одном кадре освещение и т.д.), можно обнаружить не менее сложное строение звукового ряда. Самые разные звуковые элементы фильма, включая музыку, начали создавать неделимое целое. По свидетельству композитора Э. Артемъева, для фильма "Солярис" Тарковский требовал от него создать "шумозвуковую среду со своими лейттемами и ритмами" и хотел, чтобы в фильме музыки как таковой вообще не было. На этот принцип в звуковом решении картины они опирались пока продолжалось их сотрудничество(1). В фильмах "Солярис", "Зеркало" и "Сталкер", Тарковский использовал, не только шумы, переработанные синтезатором, и музыку, сочиненную Артемьевым в нетрадиционным стиле, но и европейскую классическую музыку. Поэтому слова Тарковского, намеревавшегося исключить из фильма музыку как таковую, в ее традиционном понимании, могут быть истолкованы не буквально. Анализ его фильмов показывает, что тут происходит не исчезновения музыки, а постепенное снятие границы музыки и шумов, т.е.тот самый процесс, который произошел бы в информационной полифонии.

В фильме "Солярис" Тарковский с Артемьевым создали искусственный звуковой ряд, который был, наверное, во многом мотивирован жанровой принадлежностью фильма. Когда он был поставлен, научно-фантастический жанр в нарративном кино имел весьма немного серьезных произведений, к тому же, совсем мало среди них сумело представить на экране убедительный образ несуществующего (обычно будущего) мира. А для того, чтобы показать подобный образ только спецэффектом, нужен был и сейчас нужен коллосальный бюджет. Поэтому не странно, что Тарковский, имеющий реалистическую киноэстетику, в "Солярисе", особенно в сценах на космической станции, предпочитал использовать искусственные шумы синтезатора как выражение атмосферы будущего мира. Даже если он намеревался добиться какого-то другого эффекта, зрителям нелегко узнать это, потому что в сценах на Земле автор использовал преимущественно природные шумы и среди них только в эпизоде будущего города звучат шумы синтезатора. В "Солярисе" Тарковский действительно добился крайне многослойного звукового фона, который даже выражает психические состояния человека, но звуковое строение фильма в целом не избавилось от жанровой ограниченности.

В "Зеркале" автор опять обратился к многослойной фонограмме, но на этот раз, опять включая в нее синтезаторские шумы и музыку, он не отделил их от природных шумов. Эти разнородные звуки звучат почти везде в фильме, независимо от модальности сцен (реальность, сон, воспоминание, и т.д.), и не имеют отношения к жанровой условности. Невербальные звуковые элементы, включая классическую музыку

Баха, Перголези и Перселлы, не подчиняются ни композиции сюжета, ни общераспространенным решениям звукового ряда фильма. Наоборот, они даже иногда обуславливают ход сюжета вместе со словами героя.

Например, когда сцена его сна в детстве кончается и начинается эпизод телефонного разговора с матерью, этот переход мотивируется звонком телефона, и только потом, через содержание их разговора, зритель узнает модальность предшествующей сцены. В двух эпизодах, составленных из хроникальных материалов, создается впечатление, что только музыка решает направления переходов модальности внутри эпизода или рамки этих эпизодов. Когда испанский иммигрант вспоминает о своей разлуке с отцом во время гражданской войны в Испании, испанская народная музыка с черно-белым хроникальным изображением прерывает цветное изображение настоящего. А эти воспоминания испанца вдруг прекращаются гудком парохода и после того, как зазвучит музыка Перголези, модальность эпизода становится неопределимой, так как изобразительный ряд уже далеко выходит за рамки гражданской войны в Испании. Эта музыка кончается после того, как хроникальный эпизод уже закончился и начался следующий игровой эпизод, который не имеет отношения к испанцу. Здесь не только модальность эпизода, но и общие рамки сюжета колеблются, потому что он поставлен как рассказ или внутренний монолог невидимого героя, который, конечно не может заглянуть во внутренний мир испанского иммигранта. Подобное колебание модальности и рамок сюжета возникает и в другом хроникальном эпизоде, где мальчик, потерявший родителей во время ленинградской блокады, судя по монтажу, предвидит или предчувствует главные исторические события во второй половине 20-го века. Но здесь тоже как будто музыка решает конкретную замену изображения, и мальчик, точно как и испанец, больше не появляется на экране. Стихи Арсения Тарковского, читаемые самым автором, еще усложняют ситуацию.

Словам персонажей и невидимого героя = рассказчика Алексея отведена главная роль в сюжетостроении фильма. Не только рассказ героя, но и его разговор с женой или матерью определяют перемену сцен. Однако их слова не всегда полностью определяют модальности сцен. При переходе с одной модальности к другой они просто мотивируют этот переход, но не придают переключенному эпизоду конкретной принадлежности ("Кто это вспоминает?", "Чье это видение?" и т.д.). Статус героя как рассказчика поэтому не более чем формален. В эпизодах о прошлом содержится гораздо большее количество информации, чем он должен знать и может вспомнить. Слова персонажей здесь равноправны со звуком и музыкой как конструктивный элемент фильма.

Равноправие всех звуковых элементов в формообразовании "Зеркала" становится очевидным во второй половине фильма, и тогда в изобразительном ряде тоже заметно наблюдаются аналогичные явления. С эпизода "предвиденной" мальчиком Истории, модальности сцен меняются без отчетливых мотивировок заакадровым голосом Алексея. Переход от хроникального эпизода к игровой сцене встречи Алексея и его сестры с демобилизованным отцом и переход от этой сцены к сцене второго разговора героя с женой не мотивируются словами персонажей. А после того, как разговор героя с женой переходит к его монологу о сне своего детства, изображение и звук освобождаются от всяких мотивировок через слова персонажей, и только у слов отца режиссера, явно находящегося вне диегезиса фильма и читающего стихи своего отца, остается формообразующяя функция. К концу ленты движение камеры, актеров и предметов, природные и синтезаторские шумы и музыка, соединяясь ассоциативным монтажом, образуют неделимый поток художественной информации. Текст стихов и слова персонажей предфинальной сцены здесь не имеют привилегированного статуса в смыслообразовании.

Значит, не только в формальном плане (т.е. в плане нарративного дискурса), но и в семантическом происходит процесс уравнивания всех составных элементов фильма. Этот процесс, естественно, вызывает освобождение изображения и звука от наррации и в конце концов разрушение диегезиса как твердых временно-пространственных координат. Неслучайно поэтому, "Зеркало" кончается сценой с чудесным сосуществованием разных времен жизни матери героя, с постоянным движением камеры и почти сверхъестественно десемантизированным хором Баха, с наполняющим экран золотым светом заходящего солнца и диким криком ребенка. Этот фильм, начинаясь подчеркиванием значимости словесного высказывания (пролог с телевизионной передачей гипнотического лечения заикания), пройдя через разложение нарративного дискурса и диегезиса, кончается полным освобождением составных элементов фильма от наррации и от мимесиса. В финале дискурс самого фильма побеждает, поглощает все другие дискурсы. Он заговаривает "громко и четко", как психиатр сказала юноше в первой сцене.

Звукозрительная структура "Сталкера" кажется другой. Она не разрушает диегезиса и в общем поддерживает нарративность фильма. Его нарративный дискурс не содержит никакой ретроспекции, и очевидное изменение модальности возникает только один раз (эпизод сна Сталкера). Кроме самого начала фильма, где звучит обработанная синтезатором армянская музыка тара, собственная музыка используется только в нескольких пунктах сюжета, не как толчок к изменению модальности, а как авторский комментариий к изображаемому им миру(2). И разнородность изображения мотивируется, по-видимому, определенной семантической системой, построенной внутри диегезиса фильма (Переход от монохронного изображения к цветному и обратный переход объясним чудотворным свойством и воздействием Зоны, окруженной безнадежным современным миром). Поэтому в отличие от "Зеркала", "Сталкер" имеет стабильный диегезис и его нарративный дискурс не содержит само-уничтожительного начала. Однако и в этом фильме можно обнаружить информационную полифонию в более скрытом виде. Это связано с особенным характером его диегезиса.

Диегезис "Сталкера" с самого начала представляется как "другой" мир, где загадочная Зона уже давно существует. Надпись после титров и изображения грязного бара "цитирует" слова лауреата Нобелевской премии профессора Уоллеса в интервью с корреспондентом RAI, передающих немногую информацию о Зоне. Это совмещение фиктивного (Зона) и реального (Нобелевская премия, RAI), наверное, вызывает у зрителя ассоциацию определенного жанра, т.е. научной фантастики. А содержание следующих сцен показывает, что фиктивный мир, представленный на экране, никак не более цивилизованный, чем современность. Место действия конкретно не названо. То есть перед нами странный мир, в котором воздействие и загадочность Зоны всегда осознаны и подчеркнуты персонажами и автором, но кроме этого ничем не отличается от нашего мира. Эта особенность диегезиса в известной мере мотивирует необычное сочетание изображения и звука в этом фильме. В сценах в Зоне акустические свойства шумов и голосов персонажей часто меняются внутри одного кадра (сценах входа в Зону, "мясорубки" и т.д.). К тому же, вопреки общепринятому в практике звукового кино окончательному показу "источника" звука, здесь источники многих шумов и голосов остаются невидимыми (напр., лай невидимого зверя и голос, остановивший писателя в пути к зданию), что вызывает ощущение, будто внутри диегезиса бытует сверхъестественный невидимый дух(3). Подобное звуковое решение, хотя оно не полностью сводимо к особенности Зоны, по крайней мере, не нарушает иллюзию целостности диегезиса. Действительно, он во многом остается неясным, именно потому что во многом определяется загадочной Зоной, несводимой к общепринятым реалиям и представлениям.

Так, диегезис "Сталкера" допускает сочетание изображения и звука, свободного от нарративной задачи, т.е. от *истории*, и способного превратить их в равноправные смыслообразующие элементы. Тарковский использовал асинхронное сочетание звука и изображения особенно в тех местах в сюжете, где сталкер медитирует, размышляет и видит сон. Тогда в звуковой ряд включается шумы, синтезаторская музыка и закадровый голос Сталкера или его жены, в то время как изобразительный ряд составляется из кадров, показывающих пустые пейзажи или предметы. В этих местах шумы, музыка, речь актеров и изображение как бы функционируют на равных правах, потому что речь актеров, обычно доминирующая в нарративном кино, здесь вообще тихо передает короткое сообщение и потом сразу уступает право на общение со зрителем другим каналам художественной информации.

Кроме вышеуказанных мест, в фильме существуют особые моменты, когда все составные элементы кино, его субстанции означающего функционируют для смыслообразования на равных правах. Это те пункты, где в фонограмму включены грохот проходящего поезда и фрагменты классической музыки. Это происходит 4 раза, и всегда сопровождается медленным движением киноаппарата или снимаемых объектов. То, что происходит в финале "Зеркала", здесь в меньшей степени повторяется. В этих местах сочетание известных музыкальных произведений, грохота поезда и движения камеры не мотивируется ни особенностью Зоны, ни общераспространенным использованием музыки в нарративном кино как незаметного сопровождения к событиям. Здесь нет события в качестве единицы истории, поэтому классическая музыка, подчеркнутый грохот поезда и движение камеры не могут не выступать как авторский дискурс. Только в этих пунктах он перестает поддерживать диегезис и откровенно говорит своим голосом.

Нарративная полифония в фильмах "Зеркало" и "Сталкер"

Как уже отмечалось выше, нарративный дискурс в фильме или дискурс самого фильма могут стать носителями авторского дискурса при определенных условиях. У Киноситы это осуществлено стилевым разнообразием на уровне наррации, а у Рене — использованием вокальной музыки и разноритмией, т.е. на уровне дискурса фильма. В обоих случаях можно было признать эти приемы как проявление авторского дискурса, имея в виду условий производства фильма, творческого пути автора и соучастия его сотрудников. Ведь нарративный фильм обычно производится коллективной работой специалистов в рамках определенной экономической и индустриальной системы для определения наличия вторского дискурса в том или ином элементе фильма надо внимательно проследить процесс и условия его производства. В случае с фильмами А. Тарковского положение усложняется, потому что самые заметные черты его произведений, особенно его поздних работ, состоят в том, что личная эстетика автора проникает во все их компоненты и скрывает наличие чужих дискурсов. Действительно, в последних двух фильмах ("Ностальгия"(1983) и "Жертвоприношение" (1986)) режиссер уже не использовал ни хроникальных

209

материалов, ни подделки телевизионных передач (в отличие от телевизоров в фильмах "Солярис" и "Зеркало", телевизор в "Жертвоприношении" никакого конкретного образа не несет), концентрируя свои усилия на непосредственном выражении собственного мироощущения через сделанное им изображение и выбранную им музыку. А в фильмах "Зеркало" и "Сталкер" автор еще оставлял место для выражения чужих мировоззрений, хотя разными способами.

В "Зеркале" существуют два основных композиционных начала, усиление которых производит противоположное воздействие на нарративную структуру и диегезис фильма. *Повествовательное начало*, воплощаемое в основном закадровым рассказом героя, создает и поддерживает рамки нарративного дискурса, тем самым составляя из фрагментарных эпизодов один диегезис. А *ассоциативно-поэтическое начало*, нарушая правила классической наррации, неожиданным звукозрительным монтажом и немотивированным повторением одних и тех же изобразительных и звуковых мотивов, в конце концов, разрушает целостность диегезиса. Первое из этих начал принадлежит или герою фильма Алексею, или анонимному повествователю, который следит за персонажами как бы вместо героя (напр. в сценах, где выступает его сын Игнат). А второе — автору фильма, поскольку кроме него никто не может поколебать раз установленный на экране диегезис. Неожиданный звукозрительный монтаж производит неопределенность модальности сцен, о которой мы уже говорили. В целом фильм "Зеркало" можно рассматривать как борьбу вышеуказанных двух конструктивных начал и процесс преодоления повествовательного начала. И в этом процессе открывается переходная зона, в которую включаются другие дискурсы, кроме дискурсов героя и автора. Например, воспоминания испанского эмигранта, предвидение мальчика об исторических событиях во второй половине 20-го века появляются перед нами в виде неделимого звуко-зрительного образа, точно как сны героя о детстве и авторское видение в финале. Трудности в зрительском восприятии "Зеркала", наверное, возникают от того, что границы сосуществующих личных дискурсов не отчетливо маркированы, и обычно только их начало или конец подсказываются.

Несмотря на нестабильность нарративного дискурса и диегезиса, каждый эпизод фильма имеет известную конкретность и реальность, что позволяет представить объективно образы в них, включая персонажей. Даже в эпизоде кошмара героя в его детстве изображение сохраняет четкость и образы родителей героя не подвергнуты никаким оптическим искажениям. Объективность образов особенно заметно ощутима в игровых сценах, когда они еще не переключились на авторский дискурс (это переключение сопровождается чтением автором стихов своего отца или ничем не мотивированной музыкой). Как мы заметили в анализе фильмов Киносити и Рене, объективно изображаемый на экране мир может функционировать как нейтральный фон, перед которым выступают разные дискурсы на равных правах. В нескольких эпизодах "Зеркала" наблюдается подобное явление, например, в эпизоде в типографии и эпизодах разговора героя с матерью. Как и в фильмах Киносити и Рене, в этом фильме авторский дискурс часто прерывает хронологический ход действий, который сами по себе развертывается в конкретном, весьма правдоподобном мире. Однако в фильме Тарковского авторскому дискурсу и дискурсу героя отведена более важная роль в формообразовании. Они функционируют подобно как "ведущие голоса" в полифонической музыке(см. первый раздел первой главы).

В "Сталкере" место для проявления авторского дискурса ограничено, притом в "канонизированном" виде. Мы не случайно употребляли слово "канонизированный", так как в этом фильме авторский дискурс появляется в основном через каноны определенного жанра или репрезентативной системы, заимствованные автором из других искусств. Перед первой сценой, например, титр со словами профессора Уоллеса передает нам не только информацию о Зоне, но и тот код, с помощью которого автор начинает развертывать свою историю. Как уже отмечено, это — код научной фантастики, требующей от истории и диегезиса наукообразного объяснения или намека на него. А первая сцена начинается впечатляющими кадрами, совсем не подкрепляющими жанровую принадлежность, представленную предшествующим титром. Комната героя грязна и бедна.Изображение этой сцены подсказывает наличие какого-то другого кода: подчеркнутая медленным наездом камеры симметричность композиции первого кадра, плавное движение камеры по горизонтальной оси (справа налево и слева направо) во втором кадре и подчеркнутое поворачивание головы Сталкера на переднем плане в третьем кадре. В этих трех кадрах не звучит ни одного слова, а на них наложены закадровые шумы(гудок и грохот поезда)и музыка ("Марсельеза"). Очевидно, что здесь доминирует авторский дискурс, но не ясно, что означает это ненарративное соединение изображений и звуков.

Код, через который означаемое данных кадров может быть прочитано, оказывается кодом религиозного искусства. Польский исследователь Северин Кусьмерчик указывает, что в пластическом решении "Сталкера" наблюдается прямая связь с древнерусской иконописью(4). Действительно, в вышеуказанных трех кадрах можно обнаружить элементы, напоминающие репрезентативные системы православных ритуалов и средневековой иконы. Наезд камеры на узкую щель дверей и ее заглядывание в комнату героя напоминает расположение царских врат и алтаря в православной церкви. Движение камеры во втором кадре прочитывается как горизонтальная линия, перекликающаяся с вертикальной линией в первом кадре и тем самым имитирующая движение крестящейся руки. И наконец, подчеркнутое поворачивание головы Сталкера сопровождается сменой его точек зрения в одном и том же месте (сначала он всматривается в глубину кадра, потом оборачивается и смотрит во внекадровое пространство), которая напоминает сосуществование двух противоположных точек зрения ("внутренней" и "внешней") в репрезентативной системе доренессансном искусстве(5). Ниже мы проанализируем, как эти пластические элементы в данных кадрах входят в сложное семиотическое соотношение через код средневековой иконы .

По мнению Б. Успенского, обратная перспектива в доренессансном искусстве обозначает внутреннюю позицию художника по отношению к изображению. Художник в подобном случае как наблюдатель принадлежит изображаемому миру, и поэтому с его точки зрения по мере приближения к переднему плану, т.е. к зрителю картины, размеры изображения сокращаются(6). А линейная перспектива предполагает точку зрения наблюдателя, находящегося вне изображения. В средневековой иконе центр картины изображается на основе обратной перспективы, а ее периферия рисуется с внешней точки зрения. Если иметь в виду такое положение и пересмотреть третий из вышеуказанных кадров "Сталкера", то бросается в глаза качественное изменение пространства, с которым взгляд героя на свою комнату вводится в кадр. Сначала герой показывается в общем плане, пока он встает с кровати, тихо одевается и уходит из правого края кадра. После его ухода в течение нескольких секунд на экране показывается комната с кроватью. Потом фокус сильно изменяется, и с правого края кадра опять появляется герой, но на этот раз только его затылок. При этом возникает впечатление, как будто объективное изображение вдруг преображается в субъективное, поскольку обычно подобная композиция кадра с головой и плечом персонажа обозначает его точку зрения. Пространство качественно изменяется и дальше, пока герой закрывает двери и оборачивается в сторону зрителя и окончательно уходит из кадра. Щель дверей сужается и субъективность точки зрения героя как бы остается в виде фокуса, зафиксированного на дверях. В этом длинном кадре Сталкер сначала появляется как объект наблюдения, но после короткого отсутствия возвращается в кадр как субъект наблюдения и потом сразу уходит с экрана. А последующие действия развертываются вокруг него, формально не представляя его точку зрения. Значит, качественное изменение пространства данного кадра соответствует его выходу из едва установленного диегезиса во внедиегетическое пространство и его возвращению в диегезис как наблюдателя, а потом, в развертывании истории, его восприятие мира оказывается тождественным с зрительским восприятием диегезиса. Точка зрения Сталкера здесь двоится как точка зрения иконописца, потому что он, не только субъективно видит событие внутри диегезиса, но и образует объективные рамки для диегезиса своим действием(так называемая "субъективная камера" не может представлять подобную двойственность, так как она полностью субъективизирует диегезис и не представляет объективные рамки).

Сложность интерпретации взаимоотношения выше-указанных трех кадров состоит в том, что в них нет отчетливой последовательности означаемых. Как уже сказано, их можно интерпретировать как кинематографическое подражание христианским ритуалам и канонам христианского искусства, а они соединяются скорее физической близостью изобра-жаемых предметов в них, чем их семантической взаимодополняемостью. Если иметь в виду еще и звуковой ряд, то семантическая нерасчленимость этих кадров становится очевиднее. Как можно интерпретировать соединение крестящегося движения камеры, оглушительного грохота поезда и фрагмента "Марсельезы"? Здесь авторский дискурс выступает именно как загадочное, противоречивое и пере-насыщенное высказывание. Практически невозможно иначе определить характер этого дискурса. А он представляет намек кодов христианских ритуалов и средневековой иконы, через которые точка зрения героя может прочитываться как религиозное мировоззрение.

После того, как начинается собственная история, временно-пространственным центром которой является Зона, дискурсы основных персонажей (Сталкер, его жена, Писатель, Профессор) представляются их словами почти равноправно (для каждого из них заготовлены эпизоды для красноречивого и мучительного высказывания о своем мировоззрении). Только Сталкер имеет право высказаться закадровым голосом, но эта его привилегия дана действительна только внутри Зоны. Хотя мировоззрение каждого из них и их кофликт представляются объективно и ясно, позиция автора остается неясной до конца фильма. Она не может быть просто религиозной, поскольку оставляет загадку Зоны открытой и позволяет разные интерпретации фильма. Загадочность авторского дискурса есть результат многократно канонизированной формы его высказывания, поскольку каноны, через которые этот дискурс проявляется, — давно забыты.

Загадочность Зоны окажется образным воплощением загадочности авторского дискурса. Зона насыщена необъяснимыми явлением, иногда она выражает в неоднозначной форме свое отношение к персонажам, но в конце концов просто помогает им найти самих себя через самовыражение (этот процесс для Писателя и Профессора заканчивается разочарованием в себе). Из вышесказанного можно делать вывод,что нарративная полифония в "Сталкере" стала возможной именно благодоря его диегезису, семантически основанному на загадочном авторском дискурсе и загадочной Зоне.

Примечания

1. Артемьев Э. "...Выразить основное состояние...", Киноведческие записки, №.21, М., 1994, с. 118-121.

2. Э. Артемьев свидетельствует в выше цитированном интервю, что "симфонические шлягеры" ("Болеро"Равеля, "Полет валькирий" Вагнера, Марсельеза и финал Девятой симфонии Бехтовена) "должны были выражать победное и безоглядное шествие цивилизации, вступающей в конфликт с чистым, светлым ощущением природы и духовными ценностями человека. См.: Артемьев Э. , там же, с. 121.

3. Теоретическим обоснованием этого явления служит особый характер звука в кино, названный Риком Олтманом "герменевтикой звука".
Он отмечает, что "способность звука быть слышимым из-за угла делает его идеальным способом введения невидимого, таинственного, сверхъестественного". См.: Олтман Р. Движущие губы : кино как чревовещание , Киноведческие записки, № 15, М., 1992, с. 174-176.

4. Кусьмерчик С. "Сталкер" как икона, Киноведческие записки, №.3, М., 1989, с.176-184.

5. См. : Успенский Б. А. Семиотика иконы — в кн. Успенский. Б. Семиотика искусства, М., 1995, с. 259.

6. Там же, с. 256-257.

Полиритмия и информационная полифония в фильмах Куросавы

Как мы видели, Куросава уже во время войны сделал попытку ввести в кино элементы театра Но. Эту попытку он продолжил в японском киножанре "дзидайгэки". В его "дзидайгэки" фильмах 1950-х гг. влияние театра Но проявлялось преимущественно в пластическом решении. Самым ярким тому примером служит фильм "Кумоносу дзё (Замок паутины)"(1957), своеобразная адаптация "Макбета" Шекспира. В этой картине использовалась лаконичная декорация и актерские сцены в помещениях были сняты в общих планах, тем самым это создавало впечатление статичности изображения. В гриме актеров, особенно главного героя Такэтоки Васидзу (Тосиро Михунэ) и его жены Асадзи (Исудзу Ямада), видна прямая связь с маской (*омотэ*) театра Но и т.д.

Однако основной конструктивный принцип театра Но "*дзё - ха -кю*" долго не принимался режиссером после фильма "Тора но о о фуму отокотати". А именно этот принцип позволял ему органично соединить полиритмию и информационную полифонию в фильме "Кагэмуся (Тень воина)". Для того, чтобы понять взаимоотношение принципа "здё -ха-кю" и звукозрительной структуры этого фильма, мы должны сначала обратиться к рассмотрению первого.

"Здё-ха-кю" является в первую очередь темпо-ритмическим принципом для композиции пьес и их представления в театре Но. Если буквально перевести китайские иероглифа, то "*Здё*" означает "введение", "*Ха*" — "разрыв", "*Кю*" — "быстроту". Однако сам этот принцип в театре Но означает гораздо больше, чем предполагается из простого сопоставления трех иероглифов. Теоретик и актер, автор многих пьес и глава труппы театра Но Дзэами(1363-1443) разработал данный принцип как общеэстетический, которого должны придерживаться актеры и постановщики (во театре Но актер, играющий главную роль является одновременно и постановщиком) на всех стадиях творчества Но. Темпоритмический принцип "Дзё-ха-кю", по учению Дзэами, принимается не только в композиции пьес и в их исполнении, но и в выборе и порядке представляемых пьес на одном сеансе (в эпоху Дзэами обычно один сеанс был составлен из пяти пьес).

Нас здесь интересует учение Дзэами о композиции пьес, сформулированное им в книге "*Сандо*" как "*дзё-ха-кю го-дан*". "Го-дан" буквально означает "пять ступеней". Значит, он рекомендует составлять одну пьесу из пяти маленьких частей, которые распределяются в целой пьесе соответственно принципу "дзё-ха-кю"; "Дзё" состоит из одного *дан* (ступени), "ха" — из трех данов и "кю" — из одного. Сложность этого принципа в том, что, каждая из частей "дзё-ха-кю" требует от зрителей разного модуса восприятия. В части "дзё", на сцене представляется реальный мир,в котором *ваки* (см. второй раздел первой главы), иногда сопровождаемый спутником (*вакицуре*), объясняет публике общую ситуацию. В части "ха", к нему приходит *ситэ* и беседует с ним, но здесь мир, представляемый на сцене, постепенно теряет реальность, так как его составные элементы претерпевают семантические деформации, о которых мы уже сказали в первой главе. И часть "кю" завершает процесс уравнивания этих элементов в смыслообразовании. Значит, "Дзё-ха-кю го-дон"является одновременно темпоритмическим и драматургическим принципом.

Как мы видели и в анализе фильма "Сталкер" А. Тарковского, применение канонов древних искусств в нарративном кино чревато затруднением в чтении фильма. Нельзя сказать, что принцип "дзё-ха-кю го-дан" известен широкой публике в Японии. О присутствии этого принципа в фильме "Кагэмуся" можно догадываться только через сравнительный анализ целых выразительных систем фильма и пьес театра Но. А эта задача уже включается в область герменевтики в широком смысле, так как для ее выполнения мы не можем обходиться без тщательного анализа семантической структуры фильма и ее интерпретации. Мы попытались в другой работе выполнить подобный анализ и интерпретации(1). Здесь мы коротко отметим нужные для дальнейшего изложения положений, которые тогда мы представляли.

1.Сюжет и герой фильма "Кагэмуся" напоминают сюжет и героев пьес *фу-кусики-мугэн-но* (двойный-феерический Но). В них герой появляется перед *ваки* (и *вакицуре*) сначала в виде человека, живущего на месте действия, потом исчезает (*накаири*), и после интермедии опять появляется, но на этот раз в подлинном его виде, т.е. как призрак давно умершего известного человека, дух растения или бог. Вторая половина двойного-феерического Но состоит из пения героя, его танца, музыки и хора, и все оказывается сном *ваки.* Сюжет этого типа Но строится как процесс идентификации героя с собою и постепенное снятие границ реальности и ирреальности. Текст пьес и их хореографически-музыкальное исполнение неизменно служат этим двум задачам. В фильме "Кагэмуся" тема идентификации с собою заменилась темой

223

идентификации с чужим(герой идентифицируется с умершем князем Сингэном Такэдой), но кроме этого, его семантическая структура почти полностью аналогична с двойным-феерическим Но.

2. Структура времени дискурса (времени проекции) фильма "Кагэмуся" соблюдает принцип "здё-ха-кю го-дан" с удивительной точностью. Намерение режиссера принять его доказывается опубликованным сценарием фильма и анализом его звукозрительной структуры, представляющей три разные типа комбинации элементов(2). По нашему анализу длительность каждой из трех частей фильма в его отечественном варианте будет следующей: 1-я часть ("здё") — 36 минут, 2-я ("ха") — 114 минуты 10 секунд, 3-я ("кю") — 29 минут 50 секунд (3).

Первое из этих положений имеет отношение к информационной полифонии, а второе — к полиритмии. Эти две структуры в "Кагэмуся" органично связаны через принцип "зде-ха-кю го-дан". Ниже мы проанализируем их отдельно, так как кроме этого канона, они ничем не связаны. Сначала речь пойдет о полиритмической структуре времени дискурса фильма.

В фильме "Кагэмуся" можно наблюдать несколько повторяющихся элементов, определяющих темп и ритм в разных вариациях. Например, музыка с одним основным мотивом, мчащийся всадник, князь

Нобунага Ода, марширующяя армия Такэды и т.д. Эти элементы расположены в дискурсе фильма так, чтобы они подчеркивали темпоритмическую особенность каждой его части, отделенной от остальных по принципу "здё‑ха‑кю го‑дан". Например, первая часть ленты, соответствующая "здё", вообще характеризуется медленным темпом, но кадр с мчащимся всадником, сообщающим о ранении Сингэна Такэды его врагам, мгновенно изменяет темп дискурса. А музыка, наложенная на изображение марширующей армии Такэды в двух сценах, своим неторопливым ритмом подкрепляет общий ритм этой части. Во второй, самой длинной части фильма, соответствующей "ха", разнообразие ритмов ‑ более заметным, чем в первой. И эта разноритмия доходит до предела в третьей части, когда сопоставляются мчащиеся всадники армии Такэды и картина их поражения после выстрелов врагов. Мы приведем из вышеупомянутой работы схематичную таблицу, указывающую на основные темпоритмические элементы каждой части. Они разделены в каждой части на доминанты и их сопосавленные элементы. Числа музыкальных фрагментов указаны в скобках. Вторая часть точно разделена на три "дана" по времени дискурса.

Часть	"дан"	доминанты	сопоставленные элементы
"дзе"	1	статичные и медленно движущиеся объекты, музыка в медленном темпе(2)	музыка в быстром темпе(1), всадник, звук флейты Но(2), звук барабана Но(2)
"ха"	2	оркестровая музыка в быстром темпе(3), мчащиеся всадники	медленные сцены с амфорой, содержащей труп Сингэна, эпизод театра Но
	3	статичные и медленно движущиеся объекты	резкое движение черной лошади, резкое движение князя Нобунаги, оркестровая музыка в быстром темпе(1), звук барабана Но (2)
	4	оркестровая музыка в среднем и медленном темпе (11),звуки выстрелов, мчащиеся всадники	медленные сцены после боя
"кю"	5	оркестровая музыка в среднем и медленном темпе(4), мчащиеся всадники и шагающие пехотинцы армии Такэды, звуки залпов, быстрый монтаж кадров, замедленные кадры	медленные сцены, медленное пение и танец Но, исполняемые князем Нобунагой

Таким образом, темпоритмические доминанты качественно меняются каждый "дан", по принципу чередования статики и динамики, и эти доминанты всегда сопровождаются противоположными элементами. Если обратить вни·мание на доминанты четвертого и пятого "данов", то оказывается, что в них чередование разных темпов и ритмов осуществляется не столько сменами эпизодов, сколько самостоятельными движениями доминант. Например, в эпизодах ночного боя за крепость Такатэндзина, занимающих большое место в четвертом "дане", темп и ритм создаются преимущественно чередованием музыки и звуков выстрелов в тишине, движением черной массы всадников и движением самой музыки разных темпов и ритмов. В части "кю" резкий переход от статики к динамике и обратно — от динамики к статике создается лишь сменой перечисленных нами противоположных доминант.

В результате такого распределения темпо-ритмических элементов фильм "Кагэмуся" обнаруживает в себе аналог самой типичной темпоритмической структуры пьесы Но, для которой характерен расширяющийся диапазон чередующихся темпов и ритмов(4). И на основе существования некоторых инвариантных носителей определенных темпов и ритмов (мчащийся всадник, музыкальные мотивы, Нобунага как исполнитель резкой смены темпов) мы называем структуру времени дискурса этого фильма *полиритмичной.*

В "Кагэмуся "используется тот прием, который мы обнаружили в фильме "Гэнроку Чусингура" Мидзогути. В четвертом "дане" существуют длинные кадры, на которых наложена музыка с изменяющимся темпом. Самым типичным тому примером служит тот кадр, в котором солдаты Такэды проверяют безопасность места и оттаскивают трупы в стороны, потом появляются всадники охраны Сингэна, герой и брат Сингэна Нобукадо. Длительность кадра доходит до 2 минут 5 секунд. Камера панорамирует соответственно движению солдат и всадников, и тогда они снимаются общим и дальним планами. Важно то,что здесь оркестровая музыка начинает звучать только тогда, когда появляются всадники охраны и что ритм этой музыки соответствует не ритму движущего изображения, а ритму внутреннего подъема героя. Точно так использована музыка во всех сценах ночного боя за замок Такатэндзин, хотя там это не так заметно из-за относительной краткости кадров. Во всяком случае, в рассматриваемом фильме, особенно в конце части "ха" и в части "кю", музыка играет главную роль в определении темпа и ритма.

Как уже отмечено нами, в картине "Кагэмуся" можно наблюдать еще одно сходство с театром Но, кроме их темпоритмической структуры. Это драматургическая особенность, наблюдаемая в двойном- феерическом Но. У этого типа Но, мир, представленный на сцене, постепенно теряет реальность, и в части "кю" он превращается в сон *ваки.* Этот процесс соответствует снятию границ субъективного и объективного в данном мире, поскольку уже в части "ха" начинается смешение функций *ваки* (объективного наблюдателя) и *ситэ* (субъекта воспоминания прошлого) в виде смешения их текстов. Хор, называемый *дзиутай,* способствует этому процессу преображения мира, так как он поет и с точки зрения *ваки* и с точки зрения *ситэ.* В части "кю", как уже сказано в первой главе, осуществляется полное уравнивание смыслообразующей функции всех составных элементов театра. В двойном-феерическом Но это и означает окончательное снятие границ субъективного и объективного, так как *ваки,* формально называемый субъектом сна, в котором развертывается действие части "кю", тогда просто сидит в углу и никаких слов не произносит. *Ситэ* является субъектом

229

действия, которое оказывается сном (объектом) *ваки*, а *ваки* оказывается лишенным субъективности приемником видения *ситэ*. Значит, в двойном-фееричеком Но структурная особенность пьес, раньше названная нами информационной полифонией, семантически органично связана с развертыванием сюжета, построенного как история самооткровения героя.

В фильме "Кагэмуся" можно наблюдать почти аналогичную структуру. В его первой части ("дзё") объективность диегезиса полностью сохраняется с помощью многих объяснительных слов персонажей, хотя иногда появляются кадры, изображение которых кажется стилизованным или фантастичным. Во второй части("ха") диалог между персонажами ведется о роли героя как двойника умершего Сингэна (в клане Такэда) и жизни и смерти Сингэна (в стане врагов Такэды). Если рассматривать текст этих разговоров отдельно от изобразительного ряда фильма,то он качественно ничем не отличается от текста в первой части. Но надо иметь в виду специфически символично конструированные кадры и их монтаж, когда в разговоре тема двойника особенно обостряется (в сценах первой встречи героя с близкими подданными умершего князя и его встречи с наложницами последнего). Нельзя отрицать, что здесь в тексте подчекивается знаковая сторона языка через его соотношение с изображением, но это подчеркивание знаковости ограничено в замкнутом семантическом поле, где всегда речь идет об одних тех же темах. В такой ситуации слова персонажей теряют индивидуальность и входят в прямое взоимоотношение с изображением, звуком и музыкой.

Вторая часть фильма характеризуется и обильным использованием оркестровой музыки с разными вариациями одного мотива и разными темпоритмами. Поскольку эта музыка звучит тогда, когда герой сталкивается с ситуацией, где он должен вести себя как Сингэн, она при каждом проявлении усиливает характер музыкальной темы как выражения душевных движений героя. Так музыка связывается с конкретной ситуацией, в которой герой находится. Но к концу второй части эта ситуация эмоционально охватывает всех главных персонажей в клане Такэды. Оказывается, что не только герой, но и брат Сингэна Нобукадо, его сын Кацуёри, генералы армии Такэды и даже молодые солдаты вовлечены в иллюзию, что их армия остается непобедимой благодоря присутствию "Горы" (Сингэн при жизни всеми так назывался), призраку Сингэна, воплощаемому безымянным вором. В результате музыка тоже теряет принадлежность к индивиду, как и текст персонажей. Снятие субъективного и объективного в музыкальной сфере фильма обозначается и монотонными ударами барабана, звучащими в сценах подготовки к войне. Они или синхронные события в диегезисе или появляются как внедиегетическая музыка. Оркестровая музыка и звуки барабана функционально соответствуют *дзиутай* и *хаясиката* (сопровождающая музыка) театра Но.

Третья часть ("кю") завершает процесс уравнивания смыслообразующей функции слов, музыки, шумов и изображения. Однако, как и в последней части фильма "Тора но о о фуму отокотати", здесь тоже наблюдается момент тороможения этого процесса. Первая половина части "кю" (около 14 минут) характеризуется медленным темпоритмом. Оркестровая музыка, так часто звучавшая в конце второй части, как бы затихает, оставляя только прерывистые звуки барабана. Персонажи становятся заметно молчаливыми, и герой не произносит ни одного слова после его изгнания из дворца Такэды. Изображение статично. Все кажется реалистичным. Все составные элементы опять "нормально" функционируют, как и в первой части. Но этот возврат процесса оказывается ложным, когда появляется горизонтальная радуга перед глазами Кацуёри, генералов и солдат армии Такэды и одновременно звучит оркестровая музыка, передающая их тревогу. Объективность диегезиса здесь окончательно теряется. Следующие сцены на Сидарага-хара в Нагасино (место последнего сражения армии Такэды с армией Нобунаги Оды и Йеясу Токугавы) составляют вторую половину части "кю", где персонажи перестают говорить, музыка, звуки выстрелов, и ветер образуют звуковой фон, а чередующиеся изображения показывают только разгром армии Такэды и гибель героя. Процесс его идентификации с умершим князем заканчивается преображением диегезиса, соединением всех субстанций кино, кроме надписи, в одно эмоциональное целое.

Таким образом, фильмом "Кагэмуся" Куросава осуществил сложную эстетическую задачу, — открытие кинематографической системы, функционально аналогичной системе древнего театрального искусства, театра Но. И тем самым он соединил в этом фильме полиритмическую структуру и информационную полифонию. Его художественный поиск в данном направлении продолжался и в следующем фильме. Хотя картина "Ран" не является примером незнакомого нам типа комплексной полифонии в нарративном кино, ее анализ показывает, наверное, что не только "субстанции" кино, но и более мелкие его смыслообразующие элементы могут входить в семиотический процесс, называемый нами информационной полифонией.

До сих пор мы опирались на разделение "субстанций" означающего в фильме, представленное Метцом, когда речь идет об уравнивании функции составных элементов кино в информационной полифонии. Однако здесь надо сделать одно уточнение. Если под "функцией" имеется в виду,— как мы понимали ее в анализе конкретных произведений, — смысло-образующая, означающая функция элементов фильма, то процесс ее уравнивания возникает не среди субстанций означающего, а среди разных знаковых систем, воплощаемых через эти субстанции. Может возникнуть следующий вопрос: разве шум и движущееся изображение могут стать материалами для передачи сообщения, сформированного в рамках знаковых систем?

Что касается шумов в нарративном кино, они могут функционировать как знаки двумя способами. Во-первых, автор фильма может выбрать шумы, которые образуют ассоциативную сеть в нем. Некоторые шумы вызывают определенные ассоциации даже вне связи с текстом и изображением (звук колокола церкви или буддийского храма, далекий гудок поезда, неугомонное стрекотание цикад и т.д.). Такие шумы прежде всего вызывают ассоциации о протранстве и о времени, в которых они обычно звучат и именно так слышны. Эти ассоциации, конечно, в значительной степени ограничиваются культурными факторами. Стрекотание цикад, например, в японской культуре вообще ассоциируется с летней жарой, но, в зависимости от видов цикад оно может ассоциироваться еще с прохладой в начале летнего вечера. Выбранный с учетом подобных ассоциаций шум функционирует как знак, значения которого относительно стабильны.

Во-вторых, шумы могут функционировать как знаки через их соотношение с изображением, словом и музыкой. В фильмах Р. Брессона мы можем наблюдать разные типы такого соотношения (гудок невидимого поезда и изображения концлагеря в фильме "Приговоренный к смерти бежал" (1956), шумы на ипподроме и закадровое слово героя в "Карманнике" (1959), крик осла и музыка Шуберта в картине "Случайно, Балтазал"(1966) и т.д). Подобное семиотическое соотношение укрепляется повторением одних и тех же шумов как мотивов, и их каждое новое появление уточиняет их смысл. Значит, шумы в данном случае образуют свою знаковую систему через их соотношение с элементами других субстанций внутри одного произведения.

Теперь обращаемся к движущемуся изображению. Как заметили У. Эко и другие семиотики кино, в киноизображении действуют коды самых разных знаковых систем и символов. Оно может передать значения знаков всех репрезентативных систем (живописи, фотографии, мимики, жеста, одежды и театрального искусства в целом) и написанных на видимых предметах знаков и символов. Оно может быть насыщенным знаками, когда автор фильма намеренно выбирает их как объекты для съемки или имитирует через киноизображение разные репрезентативные системы. Наоборот, оно может быть лишенным всяких знаков, когда камера просто фиксирует процессы в природе в одном плане. Поэтому нельзя говорить о смыслообразующей функции движущегося изображения фильма без учета того места, которое оно занимает в целой семантической системе данного произведения.

В нарративном кино шумы и движущееся изображение прежде всего функционируют как средства представления диегезиса. Этот уровень смыслообразования не включается в структуру информационной полифонии, поскольку он неизменно продолжает существовать до конца фильма, даже в тех случаях, когда диегезис постепенно преображается или разлагается. Качественное изменение диегезиса, наблюдаемое в информационной полифонии, возникает на другом уровне смыслообразования. В проанализированных произведениях мы видели постепенное снятие границ между музыкой и шумами, освобождение киноизображения от наррации, в которой обычно доминирует естественный язык в смыслообразовании, и соединение всех этих составных элементов в нерасчленимый поток художественной информации. Значит, речь идет о мозаичном компоновании фрагментарных элементов тех знаковых систем, которые стандартное нарративное кино обычно использует как таковые, и о соединении этих элементов с природными звуковыми и зрительными материалами для создания уникальной системы одного кинематографического текста.

"Ран" представляет нам конкретные примеры того, как в информационной полифонии элементы разных знаковых систем соотносятся с выбранными автором природными материалами, вместе с ними образуют к концу фильма новую, крайне сложную систему.

На первый взгляд, даже для японского зрителя в этой картине не так много условных элементов, кроме грима сумасшедшего героя Хидэторы и дамы Каэдэ. Только для очень внимательного наблюдателя в игре актеров видно влияние театра Но. Костюм и реквизит выглядят крайне достоверными благодаря многолетнему опыту Куросавы и тесному сотрудничеству костюмера Эми Вада и художника Ёсиро Мураки. То, что в этой картине функционирует как знак, прочитывается зрителем только через коды репрезентативной и нарративной системы театра Но. Поэтому, вышеуказанный процесс в полном виде происходит только для идеального зрителя, обладающего глубоким знанием этого театра и способностью мгновенного восприятия кинематографических эквивалентов его знаков. Однако фильм Куросава не является полностью замкнутой системой. Режиссер включил в него разные сигналы для подчеркивания словесных, зрительных и звуковых мотивов. *Повторение одних и тех же мотивов и их взаимоотношение* постепенно придают им значения, составляющие семантическую последовательность. А эта *мотивная структура* стремится к накоплению разных смыслов в одних мотивах, умножению возможных интерпретацией событий и ведет к дестабилизации диегезиса.

Среди мотивов почти до последней части фильма (т.е. до того момента, когда Хидэтора встречается со своим третьим сыном Сабуро в Адзуса поле) ведущую роль играет мотив сна, в большинстве случаев вербально выраженный героем. С первой части картины вокруг мотива сна как бы собираются другие мотивы: ветра, временного исчезновения героя, одиночества и ада. Они сначала появляются почти незаметно, как органичные элементы событий. Когда Хидэтора выскакивает из-за занавеса перед тремя сыновьями в страхе от кошмара, его слова об одиночестве на зимнем поле во сне и одновременно возникающий звук ветра не столь заметно подчеркиваются. Но потом, после изгнания героя двумя своими сыновьями, в сценах Третьего замка, эти мотивы связываются теснее, почти с ритуальной строгостью. Эпизод падения замка построен следующим образом.

Хидэтора со своими подданными и наложницами безмолвно входят в замок. Они сняты общим планом и эта сцена заканчивается кадрами, изображающими закрытие черных ворот и оставляющими *впечатление затемнения*. До этого момента Третий замок всегда показывался снаружи. Следующая сцена начинается общим планом *спящего героя*, который сразу встает на ноги от закадровых ржания лошадей и голосов солдат. Он быстро поднимается по лестнице и из окна верхнего этажа башни смотрит, как его два сына командуют армией, чтобы уничтожить отца и его подданных.

Хидэтора возвращается на нижний этаж и от тяжело раненного воина слышит, что они были обмануты, враги вокруг и внутри замка атакуют, здесь *как бы в аду*. Воин умирает, Хидэтора ошелмлен, вместо шумов начинается музыка, сочиненная Тору Такэмицу. Только после этого башня и остальные здания замка показываются в нерасчлененном пространстве, но не просто как место действия, но и как символическое место, где "картина ада (...) развертывается как бы кошмаром среди бела дня(5)" Музыка продолжается около 6 минут, в то время как изображение представляет кровавую бойню и последний момент умирающих подданных и наложниц героя внутри замка. Эта музыка, как написано в сценарии, "поет мелодию,наполненную горем, начинается как всхлипывание (...) затем звучит как бы рыдание многочисленных Будд(6)" В данном эпизоде несколько раз появляется солнечный луч, пролитый сквозь темные облака или черный дым, плывущий мимо башни. Появление этого образа каждый раз подчеркивается звуком бубенца, включенным в ткань музыки. Таким образом, здесь мотив исчезновения героя прямо связывается с мотивом сна, за которым сразу следует мотив ада. При этом каждое возникновение нового мотива подчеркивается резким изменением манеры визуального повествования и состава звукового ряда. После того, как музыка кончается звуком выстрела, принесшего смерть старшему сыну Таро, сумасшедший герой, один пережив бой, выходит из горящего замка. Тогда уже разражается *буря*. Мотив одиночества, превращаясь в мотив сумасшествия, опять связывается с мотивом ветра.

Мотивы сна и ада повторяются вербально и во второй половине фильма, но уже в эпизоде падения Третьего замка они приобрели буддийские коннотации, которые вызываются не только словом, но и изображением и звуком — образ солнечного луча и звук бубенца. Новая связь напоминает о даме Суэ. Перед тем, как Хидэтора поссорился с вторым сыном Дзиро во Втором замке, он встретился с ней. Он не нашел ее в Амида-до (маленький молитвенный дом), находящемся в замке, а потом с ней встретился на вершине каменной ограды. На стене Амида-до висит картина Амиды (Будды, клявшегося в спасении всего человечества). Лицо Амиды окружено золотым ореолом, напоминающим солнечный луч (режиссер показывает его крупным планом), а в сцене встречи Хидэторы с дамой Суэ показаны общим планом. Экран наполнен золотым светом заходящего солнца, тогда как в этих сценах тихо звучит музыка с использованием инструмента, акустически напоминающего звук бубенца. Образ солнца и звук бубенца в японской буддийской культуре легко ассоцируется с *Здёдо* (Чистая Земля,где живут Будды и где нет заблуждения человеческой души), так как образ Будд обычно окружен таким ореолом, каким Куросава показывает в фильме, и молитва обычно проводится с тихим звуком бубенца. Так, мотивы сна и ада в первой половине фильма через изобразительный и звуковой мотивы включаются в буддийский контекст, где они семантически сопоставляются с Чистой Землей.

Во второй половине фильма это сопоставление как бы слабеет, а вокруг мотивов сна и ада возникают разные варианты мотивов ветра и звука флейты (в музыке использованы разные японские флейты). Ветер веет, например, когда Хидэтора на развалинах Адзуса замка замечает фигуры Суэ и ее брата Цурумару и говорит, "Это сон? Нет, здесь ад, ад, бесконечный ад !(7)" Ветер появляется здесь не только как звуковой мотив, но и как визуальный, так как раздается не только звук ветра, но и музыка флейты, а образ ветра представляется через подымающуюся пыль. Этот образ к финалу еще сильнее связывается с мотивом сна. В сценах на Адзуса поле, когда Сабуро и шут Кёами обнаруживают *спящего героя* и *пробуждают* его, взвеянная ветром пыль наполнена предвечерним солнечным светом, и в ирреально зеленом небе бегут перистые облака. Тогда герой говорит о потустороннем загробном мире сразу после пробуждения ("Здесь тот свет? Рай?"). Стало быть, мотив солнечного луча и мотив ветра соединятся и создают образ потустороннего мира, но этот образ уже не однозначный, каким был образ ада в первой половине фильма. Хидэтора становится семантическим центром диегезиса, вокруг которого собираются визуальные и звуковые мотивы, постоянно изменяя их взаимоотношения.

Во второй половине фильма, кроме звука флейты, заметно повторяется один звуковой мотив: звук барабана. Композитор Тору Такэмицу комбинировал разные ударные инструменты, включая барабан театра Но, и сочинил музыку для ударников, которая всегда звучит в военных сценах. Такая внедиегетическая музыка звучит скорее как неделимая часть звуковой ткани, в которую входят и звук выстрелов и лошадиный топот, чем как собственно музыка. Вместе с звуками ветра и флейты, этот звуковой мотив незаметно снимает границу между музыкой и природными шумами, тем самым преображая диегезис.

Процесс преображения мира до смерти героя можно назвать субъективизацией мира, так как самые заметные семантические сдвиги всегда связаны с резким изменением его психического состояния. Но после его смерти соотношение вышеуказанных мотивов быстро теряет функцию смыслообразования. Звук барабана здесь уже звучит как нерасчленимый гул и сливается с криками солдат. В этой части оркестровая музыка до последнего кадра звучит только два раза, с низким тоном струнных. Но здесь оркестровая музыка уступает место высокому звуку японской флейты, который звучит тоже два раза, но ее эффект гораздо сильнее, чем оркестровой музыки. Звук флейты соединяет как бы далеко отдаленные два места потусторонними силами, когда подданный второго сына героя Курогана изумленно поднимает голову и в следующем кадре показывается труп дамы Суэ, которую он старался спасти и чья голова попала в его руки. Солнечный свет, уже до этого момента слитый с физической реальностью диегезиса (ветер и пыль) и тем самым придавший его пространству видимость жидкостной материи, в финале тонирует весь экран красным цветом. "Тонирование" мира солнечным светом дополняется краснотой многочисленных доспехов армии Дзиро, крови дамы Каэдэ и пламени, охватывающего Первый замок. Изобразительный ряд картины здесь теряет цветовой контраст, столь ярко подчеркнутый в большинстве ее частей.

Вместе с исчезновением звукового и цветного контраста, т.е. их семантической дифференциации, экран становится темнее, словно означая исчезновение всяких смыслов. Титр фильма, написанный одним иероглифом красной тушью и соединенный с резким звуком флейты (наверное, *Но-кан* или *Рю-тэки*) в начале фильма, здесь приобретает полноту его означаемых, так как этот иероглиф может означать не только "смуту", но и "хаос". Распад мотивной структуры и превращение диегезиса в нерасчленимый звукозрительный поток кажутся кинематографическим выражением хаоса. Краснота и звук флейты подкрепляют парадоксальную связь неподвижного иероглифа и нерасчленимого потока цветов и шумов. Накопленные до этого момента смыслы мотивной структуры поглощаются хаосом. Однако Куросава в скрытом виде оставляет один мотив в ранее установленном контексте. Это — мотив сна.

В последней сцене слепой Цурумару напрасно ждет Суэ на вершине каменной ограды и идет, стуча по ней палкой. Палка соскальзывает с ее края, и Цурумару изумленно роняет картину Амиды, переданную сестрой как талисман. Затем эта картина показывается на черном фоне крупным планом. Резкий звук флейты наложен на изображение с момента изумления молодого слепца до конца сцены, которая заканчивается затемнением. На первый взгляд, эта сцена просто подчеркивает жестокость мира без Будды и богов, о которой персонажи неоднократно говорили раньше. Но жест Цурумару вносит другую коннотацию. По комментариям Тадао Сато к фильму, включенным в полное собрание сочинение Куросавы, эта сцена была поставлена по указанию режиссера в соответствии с жестами героя пьесы двойного-феерического Но "Кантан", когда тот "падает с неба" (здесь мы употребили слово "жест" как перевод японского традиционного театрального термина *"ката"*, буквально означающего "форму")(8).

Сюжет пьесы является словно иллюстрацией общего мировоззрения двойного-феерискрого Но. Ее герой Росэй, молодой человек в древнем Китае, путешествует в страну Со, чтобы встретить добродетельного монаха и достичь *"сатори"*. По пути он попал в Кантан и услышал от хозяйки гостиницы о странной подушке. Когда Росэй погрузился в сон на ней, к нему пришел посланец короля и сказал, что король хочет вручить ему корону. Росэй радостно отправился во дворец и, как король, жил славно и благополучно в течение пятидесяти лет. Но оказалось, что все это лишь сон на подушке Кантана, когда хозяйка разбудила его, говоря, что гоми для него уже сварен. Росэй понял, что даже пятидесятилетнее наслаждение бессмысленно, как сон, что жизнь есть сон. И он вернулся домой с этой истиной.

Жест "падения с неба" иронично напоминает зрителям, что это не что иное, как сон; актер, исполняя танец, означающий славную жизнь короля, мгновенно оступается на узком станке, означающем дворец на сцене, и невольно хватается за столб.

Наверное, даже самым интеллектуальным зрителем в Японии, если он не читал комментарии Сато, жест Цурумару не будет истолкован как вариация "подения с неба" из "Кантана". Ситуация, в которой находится молодой слепец, безупречно мотивирует его жест, да и в его внешности нет ничего, что напоминало бы героя пьесы. Но если истолковать этот жест в связи с "падением с неба" в "Кантане", то он непосредственно отошлет нас к общему мировоззрению двойного-феерического Но, основанному на буддизме, и одновременно возникает возможность интер-претировать весь диегезис фильма или большую его часть как сон героя или любого человека. И когда в следующем кадре появляется крупным планом развернутая картина Амиды на фоне пустой тьмы, подтверждается двойной характер этого сна. Он принадлежит одновременно и герою фильма, и внедиегетическому существу (Будда или повество-ватель фильма).

Таким образом, информационная полифония в картине "Ран" опираются на взаимодействии мотивов, каждое появление которых реализуется через разные субстанции означающего в кино. А это взаимодействие мотивов ведет к кинематографическому выражению хаоса, которое отошлет нас к титру фильма, предшествующему собственно истории. И процесс уравнивания смыслообразующей функции знаков и природных элементов может приобретать полный смысл только через текст, подсказанный автором фильма.

Примечания

1. См.: Сюсэй Н. Форма времени и образ времени —о двух фильмах Акиры Куросавы, Киноведческие записки, №. 31, М., 1996. с. 199-213.

2. Там же, с. 203-204. Эти данные мы привели из ранней нашей работы, опубликованной на японском языке, в которой использован материал видео- кассеты оригинального варианта фильма, сделанной кинокомпанией Тоно.

   См.: Сюсэй Н. "Кагэмуся" рон — мугэн-Но то хигэкитэки -дзёдзиси но юго, Энгэкигаку, №. 36, Васэда университет, Токио, 1995.

4. См.: Tamba Akira. Le structure Musical du No. Paris, 1974(English edition, Tokai Univ. Press, Tokyo, 1981, p. 207-220).

5. Цитата из опубликованного сценария фильма — в кн. Дзэнсю Куросава Акира(Полное собрание сочинений), т. 6, Токио, 1988, с. 171.

6. Там же.

7. Примечание к сценарию, Дзэнсю Куросава Акира, т. 6, с. 317.

8. См.: Сато Тадао. Комментарии к фильмам, там же, с. 241.

Заключение

В этой работе автор концентрировал внимание на тех эстетических явлениях в нарративном кино, которые, по научно обоснованному определению термина, можно назвать полифоничностью. Мы сначала стремились к уточнению данного термина для того, чтобы он послужил более надежным понятийным инструментом в современной киноведческой практике. Поскольку этот термин в первую очередь коренится в музыковедении, для уточнения концепции полифоничности надо было обратиться к музыковедческим трудам, которые, в свою очередь утверждали и уточняли понимание музыкальной полифонии, эмпирически приобретенное автором этой работы. Оказалось, что те структурные черты полифонической музыки, которые вызывает у слушателя ощущение "равноправного" развертывания разных голосов, основываются на их *функциональной общности*, реализуемой в определенной временной длительности. А эта длительность зависит от общей структуры произведения, определенной его стилем или жанром. Во всяком случае, здесь речь идет о чисто формальной стороне произведений, не имеющей отношения к историческому фону их появления. Мы рассматривали полиритмию в музыке и определили ее как основу *музыкальной полифонии*.

Имея в виду выводы, сделанных в музыковедческой характеристике полифоничности, автор попытался уточнить концепцию полифоничности в литературоведении. Здесь мы и основывались на исследованиях Р. Барта и М. Бахтина, и стремились разработать их. Концепция "информационная полифония" Барта, представленная им как общая характеристика сообщения театрального искусства, была переосмыслена на примерах пьес японского традиционного театра Но. Для того, чтобы источники художественной информации театра (декорация, костюмы, освещение, расстановка актеров, их жесты, мимика, речь) действовали бы на зритель на равных правах, они должны иметь "функциональную общность", что реализуется только в особенной форме театра, как это происходит в театре Но. Так как пьесы этого театра написаны с учетом его формальной специальности, анализ двух пьес ··· "Тору" и "Сюнкан" ··· ·во многом послужил пояснением нашей мысли. Оказалось, что "функциональная общность" источников информации реализуется только через процесс уравнивания их знаковости, продолжающийся во время спектакля. Кино, тоже гетерогенная знаковая система, как театр, теоретически может осуществлять этот процесс, т.е. *информационную полифонию.*

Концепция "полифонический роман" Бахтина была переосмыслена в контексте современного литературоведения, особенно его структуралистского направления. То явление, которое Бахтин называл "полифоническим" в его исследованиях о творчестве Достоевского, мы определили как равноправное сосуществование личных дискурсов в рамках одного нарративного дискурса. С этим определением концепция Бахтина становится приемлемым термином в исследование нарративного кино, в котором личный дискурс и нарративный дискурс не ограничивается словесными выражениями, а осуществляются и через изображение и звук.

Те немногие киноведческие труды, которые пытаются применить концепцию полифонии в обще-теоретических исследованиях, представили нам материал для размышления. В диссертации особое внимание уделяется анализу теоретического наследия С. Эйзенштейна, поскольку в его статьях можно наблюдать не только упорную попытку применения ряда музыкальных терминов, включая "поли-фонию", но и сравнительный анализ литературы и кино, даже предвещающий современную нарратологию.

Таким образом в первой главе этой работы мы пересекали разные сферы искусствоведения с целью определения термина полифоничности в киноведения. Эта процедура привела к определению трех типов полифоничности, реализуемых в нарративном кино: 1) *Музыкальная полифония*, 2) *Информационная полифония* и 3) *Нарративная полифония*.

Как мы постарались доказать, рассмотренные типы полифоеничности можно наблюдать в конкретных произведениях мирового кино, особенно после 1960-х гг. Исторический и структурный анализ этих явлений, который мы провели в второй главе, показал, что полифоничность появляется перед нами в тех предельных пунктах, где нарративность, т.е. повествовательное начало, уступает доминирующий статус в смыслообразовании фильма другим его конструктивным элементам. А они образуют разные дискурсы или особенное соотношение дискурсов, передающие художественную информацию вне зависимости от причинно-следственного отношения в представляемом мире (диегезиса) и от логики сюжетостроения.

Как ни парадоксальным покажется, полифоническая структура появилась в истории кино только после того, как стандартный стиль повествования, т.е. прозрачный реалистический стиль стал доминантой. Это связано, с одной стороной, с техническим прогрессом кино, позволяющим не только реалистичесое представление диегезиса, но и четкое оформление звукозрительного образа, и, с большим художественным потенциалом звукового нарративного кино, с другой. Фильмы Мидзогути, Киноситы и Куросавы 40-х и 50-х гг. в этом контексте представили нам примеры зарождения трех типов полифоничности. "Гэнроку Чюсингура"(1941-42) Мидзогути поражает не только беспрецедентным последовательным использованием длинных планов, но и разнообразием ритма, осуществленным разными темпоритмическими элементами кино. "Рикугун" (1945) и "Нихон но хигэки" (1953) Киноситы характеризуются разнообразием стилей, включая словесных выражений, обеспечивающим равноправное сосуществование дискурса автора фильма и дискурсов персонажей. И наконец, "Тора но о о фуму отокотати"(1945) Куросавы отличается экспериментальной попыткой принять композиционный принцип театра Но в игровое кино и является первым примером информационной полифонии в нарративном кино. Эти картины были созданы в рамках стандартного игрового кино и их авторы никогда не участвовали в авангардистских движениях.

Они не разрушали причинноследственное отношение в диегезисе и сам диегезис, но у них составные элементы кинематографического дискурса как бы постепенно складывали второй смысловой слой фильмов. Аналогичные явления в истории нарративного кино, наверное, можно наблюдать и в творчестве О. Уэллса и других крупных режиссеров этого периода.

Исторически полифоническая структура как бы выросла из эволюции нарративного кино, надстроена на основе стандартизированного стиля. Однако для полной ее реализации требовались особенные взгляды на кино и таланты режиссеров, способных различать мельчайшие дифференцирующие смысловые элементы кино и включать их в строение нарративного фильма, сохраняя его формальную основу. Поэтому нельзя сказать, что полифоничность является исключительным явлением или отрицанием нарративности. Она осуществлялась руками мастеров, освоивших приемы стандартного повествовательного стиля и умеющих последовательно передать художественную информацию и вне прямой связи со сюжетом, наррацией. Иногда полифоничность на первый взгляд незаметна благодаря высокому мастерству наррации и достоверности диегезиса (как во случаях Киноситы и Куросавы). Иногда она выступает перед глазами зрителя не как таковая, а как подчеркнутый авторский почерк (как в случаях Рене и Тарковского). Поэтому для ее восприятия и, особенно, для ее научного анализа надо иметь в виду, несмотря на историческое условие ее зарождения, ее принципиальную самостоятельность от нарративности, как смыслообразующей структуры.

Полиритмическая структура времени дискурса фильма, реализующая *музыкальную полифонию* в нарративном кино, в принципе не имеет отношения к нарративной структуре фильма. Другая поли-фоничность, называемая нами *нарративной полифонией*, на самом деле предполагает отмену привилегии повествователя в смыслообразовании, происходящем в им же рассказываемом мире. В этом случае повествователь оказывается всего лишь одним из равноправных дискурсов, представленных внутри нарративного дискурса фильма. И наконец, *информационная полифония* самым очевидным образом стремится к разложению нарративности, поскольку она всегда вызывает дестабилизацию ее первичного условия, т.е. диегезиса. Вместо нарра-тивности выступают на передний план звуковые и зрительные элементы, которые только в кинематографе объединяются и создают целостный художественный образ: ритм звуковых и изобразительных объектов, звучащие слова, сопоставленные с изображением говорящих их личностей или их внутренних видений и, звуковые и изобразительные мотивы, через повторение и вариации переплетающиеся и образующие новую знаковую систему. В современном нарративном кино даже бывает картины, одновременно реализующие два из трех типах полифоничности. В второй главе этой работы проанализированы фильмы Рене, Тарковского и Куросавы после 1960-х гг. как примеры подобной *комплексной полифонии.* В фильме "Мюриэль, или Время возвращения" (1963) Рене выявляется сочетание полиритмии и нарративной полифонии в самом ярком виде. "Зеркало" (1975) и "Сталкер"(1980) Тарковского представляли примеры комбинации нарративной и информационной полифонии. А "Кагэмуся (Тенть воина)"(1980) и "Ран"(1985) Куросавы оказались уникальными примером сочетания музыкальной и информационной полифонии, основанной на композицио-драматургическом принципе *фукусики-мугэн Но* (двойного-феерического Но). Эти картины показывают высщую точку усложнения структуры фильма в рамках наррттивного кино. Тем не менее они, в отличие от несколько фильмов Годара, Осимы, Ёсиды и пр. того времени, сохраняют элементы классического нарративного кино, позволяющие иметь широкую публику. Авторское начало у них не обязательно сопровождается трудностью их восприятия. Этот факт особенно поучителен в контексте того кризиса, который сегодняшняя кинокультура испытывает из-за отсутствия мощных эстетических норм. Имея в виду такое положение, но не претендуя на разрешения общих эстетических проблем, связанных с ним, мы попытаемся подвести итог нашего исследования.

Сначала мы стремились четко определить термин полифоничности, исходя из его первоначального значения, и представили некоторые диффе- ренцирующие черты полифонической музыки, без которых этот термин теряет смысл. Ощущение равноправного сосуществования различных составных элементов произведения, вызываемое в процессе его развертывания во времени оказалось общим и необходимым признаком полифонической структуры в музыке, литературе и кино. А это основное качество полифоничности неизбежно вело к усложнению и даже преодалению раньше установленных систем в этих искусствах. Появление полифонической музыки И. С. Баха, полифонического романа Ф. М. Достоевского и полифонического театра Дзэами обозначают начало нового этапа развития музыки, прозы и театра. В случае нарративного кино аналогичное явление появилось после того, как оно разработало общедоступную и стандартную систему звуко-зрительного повествования. Когда завершилась система прозрачного и хронологического повествования в голливудском кино, уже началось стремление в противоположную сторону. Как мы попытались показать в второй главе, с начала 1940-х гг. С. М. Эйзенштейн, О. Уэллс, К. Мидзогути, А. Куросава и другие выдающиеся кинематографисты обращались к перестройке нарративной структуры кино, используя при этом те конструктивные принципы, которые, в сущности, выходят за рамки нарративности. Однако до 1950-х гг. эта тенденция осталась частичной, ограниченной в рамках исключительного авторского пойска и особенного киножанра (исторический фильм), позволяющего вводить условность и стилизацию.

В 1960-е гг. в эволюции нарративного кино наступил заметно новый этап и стало очевидно, что киноиндустрия оказалась в упадке. Понятие "авторского кино", провозглашенное сначала во французской кинокритике и распространивееся затем во всех основных кинопроизводственных странах, не только отражает этот процесс, но и означает осознание кинематографистами конца стандартизированного нарративного кино, эстетически устаревшего и коммерчески безмерно дорогостоящего. В этом контексте проанализированные нами фильмы А. Рене, А. Тарковского и А. Куросавы представляют особый интерес. Их произведения оставались в рамках нарративного кино и их восприятия не нуждается в знании обособленной эстетики того или иного автора. Выразительная система стандартного нарративного кино действует в их фильмах как питательная среда, в которой другие конструктивные принципы или системы растут. А для понимания этих ненарративных структурных элементов недостаточно зрительской привычки пассивного восприятия. Значит, проана лизированные фильмы потенциально имеют широкую аудиторию и одновременно представляют примеры "авторского кино", требующего от зрителя активного чтения внесюжетных элементов. Поэтому неслучайно, что фильмы Тарковского и Куросавы 1980-х гг. завоевали популярность в Японии и в течение нескольких лет показывались во многих кинотеатрах. А полифоничность их фильмов, которая находится вне нарративности, далеко не всегда воспринималась зрителями и четко определялась исследователями. В сегодняшней ситуации киноискусства, практически находящегося вне контроля мощных экономических сил из-за огромного риска в кинопроизводстве, популярность их фильмов может способствовать повышению расширения диапазона зрительского восприятия именно через осознание их полифонической структуры. Да, если задача искусствоведения не ограничена подтверждением давно забытых исторических фактов и умозрительной операцией или интерпретацией художественных текстов, и если оно может играть в современном потребительском обществе пусть и небольшую роль защитника ценности самого искусства, оно обязано рассчитать сегодняшнее положение каждого вида искусства и расшифровать его новейших явлений, раскрыть художественную ценность современных произведений. Наша скромная попытка сформулировать и проанализировать появление трех типов полифоничности в нарративном кино может иметь творческое значение в этом контексте.

Мы не успели упомянуть о кинопроцессе 1990-х гг. который, несмотря на экономический крах кино-индустрии в большинстве стран, показывает новый этап развития нарративного кино. В фильмах А. Сокурова, Хо Сяосяна, Эдуарда Яна и Джюна Итикавы последних лет можно наблюдать те же структурные черты, на которые мы указали в анализе фильмов Рене,

Тарковского и Куросавы. Вышеназванные представители "авторского кино" 1990-х гг. уже были признаны как мастера киноискусства на авторитетных международных фестивалях и их фильмы нередко показывали в коммерческих кинотеатрах и на телеканалах. Восприятие кинозрителей, по-видимому, действительно меняется и, полифоническое кино, появившееся до 80-х гг., наверное, сыграло определенную роли в этом изменении. Наше исследование проведено не с целью раскрытия подобного взаимодействия творчества и восприятия искусства, но тем не менее мы желали бы, что оно не ограничивалось сухим подтверждением фактов в истории кино, а имело бы актуальность и для тех, кто увлечен созданием художественного образа на экране, и для тех, кто до сих пор не потерял надежду на появление новых шедевров киноискусства.

Библиография

На русском языке :

Артемьев Э. "Выразить основное состояние..."— Киноведческие записки, №. 21, М., 1994.

Барт Р. Избранные работы: Семиотика. Поэтика. М., 1994.

Бахтин М.М. Проблемы творчества Достоевского(5-е дополненное издание), Киев, 1994.

Гаспаров Б. М. Язык, память, образ. Лингвистика языкового существования, М., 1996.

Козлов Л. Изображение и образ, М., 1980.

Кусьмерчик С. "Сталкер" как икона.— Киноведческие записки, №.3, М., 1989.

Лотман Ю.М. Репетиция оркестра в развалившемся мире. — Киноведческие записки, №. 15, М., 1992.

Лотман Ю.М. и Цивьян Ю. Диалог с экраном, Таллинн, 1994.

Олтман Р. Движущие губы : кино как чревовещание. — Киноведческие записки, №. 15, М., 1992.

Пудовкин В. Собрание сочинений в 3-х томах, т.1, М., 1974.

Ровенко А. Ведущий голос в полифонии — в кн. Вопросы полифонии и анализа музыкальных произведений, Выпск. XX, М., 1975.

Соколов В.С. К методологии исследования киножанров. — в кн. Жанры кино, М., 1979.

Сюсэй Н. Форма времени и образ времени — о двух фильмах Акиры Куросавы.— Киноведческие записки, №. 31, М., 1996.

Успенский Б.А. Семиотика искусства, М., 1995.

Форкель И. Н. О жизни, искусстве и произведениях Иогана Себастиана Баха. М., 1974.

Ходорковская Е.С. Гармоническая структура многоголосия в музыке XIV столентия — в кн. Проблемы музыкознания, выпуск 3. Традиция в истории музыкальной культуры, Л., 1989.

Шилова.И.М. [Статья без названия] — Киноведческие записки, 1991, №. 11.

Эйзенштеин. С. М. Избранные произведений в 6-ти томах, М., 1964-1971.

Эко.У. О членениях кинематографического кода. — в кн. Строение фильма, М., 1984.

Южак К. О природе и специфике полифонического мышления — в кн. "Полифония". Сборник статей, М., 1975.

Ямпольский М. Память Тиресия, М., 1993.

На английском языке :

Akira T. Le structure Musical du No. Paris, 1974(English edition, Tokyo, 1980)

Arms R. The cinema of Alain Resnais, London, 1968.

Bock A. Japanese Film Directors, Tokyo, New-York, San Francisco, 1978.

Branigan E. Point of view in the Cinema — A Theory of Narration and Subjectivity in Classical Film, Berlin, New- York, Amsterdam, 1984.

Desser D. "Eros plus Massacre" an introduction to the Japanese new wave cinema, Indiana univ. Press, 1988.

Metz Ch. Language and Cinema, Mouton, The Hague-Paris, 1974.

Salt B. Film Style and Technology: History and Analysis, London, 1983.

Ward J. Alain Resnais, or the Theme of Time, London, 1968.

На французском языке:

Bounoure G. Cinema d'aujourd'hui vol. 5 Alain Resnais,Paris, 1967.

Mitry J. Esthetique et psychologie du cinema 1 Les structures, Paris,1963.

Rob-Grillet A. L'annee derniere a Marienbad, Paris, 1961.

На японском языке:

Акира К. Гама но абура, Токио, 1990.

Акира К. Дзэнсю Куросава Акира(т. 6) , Токио,1988.

Ёкёку-сю, Токио, 1986.

Женетте Ж. Моногатари но сигаку, Токио, 1985. (перевод. с французского языка. Genette G. "Nouveau discours du recit", 1983.)

Кикуо Я. Нихон эйга ни океру гайкоку эйга но эйкёу, Токио, 1983.

Сюсэй Н. Кагэмуся рон — Мугэн Но то хигэкитэки-дзёдзиси но юго.— Энгэки-гаку №. 36, Токио, 1995.

Томонобу И. Тоё но бигаку, Токио, 1980.

Тадао С. Нихон эйга си (в 4-х томах), Токио, 1995.

Эко У. Моногатари ни океру докуся, Токио, 1993. (перевод с итальянского языка.Eco U. "Lector in fabula", 1979)

Юитиро Н. Куросава Акира – Ото то эйзо, Токио, 1990.

Короткая фильмография

Акира Куросава
  "Тора но о о фуму отокотати"(『虎の尾を踏む男達』)(1945)
  "Кагэмуся (Тень воина)"(『影武者』)(1980)
  "Ран"(『乱』)(1985)

Алан Рене
  "Хиросима, любовь мая" ("Hiroshima, mon amour ")(1969)
  "В прошлом году в Мариенбаде" ("L'annee derniere a Marienbad")(1961)
  "Мюриэль, или Время возвращения"("Muriel, ou temps du retour ") (1963)

Андрей Тарковский
  "Солярис " (1972)
  "Зеркало" (1975)
  "Сталкер"(1980)

Кэйсукэ Киносита
  "Рикугун"(『陸軍』)(1945)
  "Нихон но хигэки"(『日本の悲劇』)(1953)

Кэндзи Мидзогути
  "Гэнроку Чюсингура"(『元禄忠臣蔵』)(1941-42)
  "Сайкаку итидай онна(Женщина Сайкаку)"(『西鶴一代女』)(1953)

Отар Иоселиани
  "Жил певчий дрозд"(1971)

О. Уэллс
"Гражданин Кейн"("Citizen Kane")(1941)

Р. Брессон
"Приговоренный к смерти бежал" ("Un condamne a mort s'est echape ou La vent souffle ou il veut ")(1956)
"Карманник" ("Pickpocket ")(1959)
"Случайно, Бальтазар" ("Au hasard Baltazar ")(1966)

С. Эйзенштеин
"Иван Грозный" (1945)

Ф. Феллини
"8 1/ 2 " (1963)
"Репетиция оркестра"("Prova d' orchestra")(1979)

Академическое издание

Сюсей Ниси
Полифония в нарративном кино
попытка поэтики киноискусства

ISBN-13: 978-1499273304
ISBN-10: 1499273304

Издательство: Alt-arts LLC

588-1-105 Kume Tokorozawa,

Saitama, 359-1131, JAPAN

All Rights Reserved.

Contact:
niko@alt-arts.com
TEL: 81-4-2997-0011
FAX: 81-4-2997-0012
Official site: http://www.alt-arts.com/